홍준표가 답하다

변방에서 중심으로
홍준표가 답하다

초판 1쇄 · 2017년 3월 31일
　　　2쇄 · 2017년 4월 10일

지은이 · 홍준표
역은이 · 김대식
펴낸이 · 박선주
기　획 · 유철진
펴낸곳 · 봄봄스토리
등　록 · 2015년 9월 17일(No. 2015-000297호)
주　소 · 서울특별시 마포구 마포대로 33
전　화 · 070-7740-2001
팩　스 · 02)2265-5444
이메일 · bombomstory@daum.net

진　행 · 방미희

ISBN 979-11-958053-3-4(03810)
값 15,000원

변방에서 중심으로
홍준표가 답하다

홍준표 지음 — 김대식 엮음

봄봄스토리

프롤로그

변방에서도 중심이 나오는 사회를 기대하며

이름은 아는데 막상 아는 것이 없는 사람,
알아도 안다고 말할 수 없는 사람,
모르긴 몰라도 홍준표 지사도 그중 한 사람일 것이다.
홍 트럼프, 막말, 경남도 지사, 무상급식.
모래시계 검사, 19대 대선 후보.
딱 이정도가 대중들이 알고 있는 그에 대한 전부다.

그런 그가 지난 3월 18일 대구 서문시장에서 '리더십 교체'라는 시대정신으로 대선출마를 했다. 헌정 사상 최초로 국정 운영의 공백이 생긴 대한민국. 홍준표 지사는 정치, 경제, 외교 등 전 방위로 문제들이 산적한 천하대란(天下大亂) 시기에 대란대치(大亂大治)의 리더십이 필요하다며 자신이 서민 대통령, 정의로운 대통령, 당당한 대통령이 되겠다고 밝혔다.

홍 지사를 잘 모르는 이들은 옆에서 누가 나가라고 부추겼거나 개인의 욕심 때문에 출마 선언을 했다고 여길 것이다. 그러나 조금이라도 그를 안다면 '역시 홍 지사다운 결정'이라고 고개를 끄덕였을 것이다. 이것을 이해하기 위해서는 그가 살아온 여정을 훑을 필요가 있다.

홍준표 지사는 '누구나 학년마다 전학을 가는 건가?'라는 의문이 들만큼 초등학교 때 다섯 번이나 전학을 갔다. 가정 형편이 어려워 이사를 자주 다녀야 했기 때문이다. 점심시간이 되면 수돗가에 가서 물로 배를 채웠고, 그 덕분에 저체중의 일상화가 되었다. 이처럼 그의 유년 시절은 배고픔과 가난이 전부였다.

그럼 검사가 된 청장년 때는 사정이 나아졌을까? 그렇지 않았다. 검사로 부임하고 나서는 검찰의 고위 간부와 대통령 측근 비리를 수사하느라 조직으로부터 미운털이 박혔고, 결국 검찰 옷까지 벗게 되었다. 검찰 내부 수사를 일삼는 평검사를 당시의 검찰이 두고 볼 리 없었기 때문이다. 다행히도 성역 없는 수사를 펼친 그의 일대기는 〈모래시계〉라는 드라마로 재탄생되었고, '모래시계 검사'라는 타이틀로 타의 반, 자의 반으로 정치계에 입문하게 된다. 그러나 국회에 입성하고 나서도 그의 인생은 크게 달라지지 않았다. 'DJ 저격수'라는 수식어가 생길 만큼 자기만의 노선이 뚜렷하여 여전히 고독했기 때문이다. 두루두루 잘 지내고 적을 만들지 않을수록 유리한 정치권에서 홍 지사는 대통령이든 국회의장이든 상관없이 직언을 하였다. 올곧은 성품 덕에 중심으로 진입하는가 싶으면 다시 변방으로 밀려났다.

이렇듯 홍 지사의 인생을 정리하면 어릴 때는 가난이 곧 삶이었고, 커서는 변방이 주요 무대였다. 이런 그래서 주변 사람들이 지금 출사표를 던진 홍 지사를 두고 고개를 끄덕였을 거라고 말한 것이다. 만약 박근혜 전 대통령이 무사히 임기를 마치고 12월에 대선이 이뤄졌다면, 그는 출마 결심을 하지 않았을 것이다. 늘 편하거나 남들이 탐내는 길보다 반대의 길만 골라서 걸어온 것이 홍준표라는 사람이기 때문이다. '혼란의 극치인 작금'이야말로 그가 출사표를 던지기엔 가장 좋은 타이밍이자 환경이다.

크게 듣고 있는 그대로 전달하다

한 나라의 대통령을 선택하는 일은 국민의 선택이자 권한이다. 다만 엮은이는 오랫동안 홍 지사를 봐 왔고, 문득 '국민들이 홍 지사의 단면만 알고 있는 것은 아닌가? 그렇다면 그의 뒷면도 보여주고, 오른쪽도 보여주고, 왼쪽도 보여주자'라는 문제의식이 들었다. 이것이 이 책에 참여하게 된 작은 동기라면 동기다.

 달라이 라마는 '당신이 말할 때는 아는 것만 반복하지만, 들으면 새로운 것을 배우게 된다'라고 했다. 그래서 엮은이는 홍 지사의 새로운 모습을 담고자 경청에 큰 비중을 두었다. 홍준표라는 사람이 어떤 인생을 살아왔으며, 검사나 정치인으로서 무슨 선택과 책임을 지면서 살아왔는지, 과연 대한민국에 유의미한 일을 할 수 있는 리더인지에 대해 묻고 두 귀를 활짝 열었다. 크게 듣고 있는 그대로 전달하는 것, 이것이 엮은이가 이번 작업에서 할 수 있는 역할의 최대치라고 생각한다.

아무래도 대선에 도전장을 내민 만큼 대한민국의 경제, 외교, 교육, 복지 정책에 대해 가장 많은 질문을 던졌다. 또 22년 간 정치를 한 만큼, 앞으로 한국 정치가 나아갈 방향에 대해서도 진지하게 대화를 주고받았다. 이와 더불어 본인이 11년 간 검사 생활을 했고, 무엇보다 국민들이 차기 정부에게 바라는 것 중 하나가 '사법부 개혁'인 만큼, 인터뷰가 진행되기 전부터 관련 정책에 대한 자료를 부탁하였다. 그 결과 검찰의 직급 조정안, 검찰 총장의 외부인사 영입, 정치 검사 색출, 사형 집행 등이라는 답을 들었다. 이외에도 그간 몰랐던 홍준표의 유년 시절과 흙 수저로서의 고통, 사랑하는 가족 이야기, 유독 서민의 편에 서서 복지 정책을 펴려는 이유 등 다양한 관점에서 홍준표 지사를 조망하였다.

이 책 한 권으로 그를 완전하게 이해하거나 대권 주자로서의 자질을 100% 파악하는 것은 힘이 들 것이다. 그래도 독자들에게 도움이 되었으면 좋겠다. 단 하나라도 그 사람에 대해 제대로 알려고 하는 것. 이것이야말로 우리가 살면서 놓쳐서면 안 될 '선한 열정'이 아닐까.

2017년 3월 27일

엮은이 김 대 식

목 차

프롤로그
변방에서도 중심이 나오는 사회를 기대하며 _ 4

01 사람, 홍준표•
흙에 뿌리를 두다

저는 뼈 속까지 흙 수저입니다 _ 13
부의 격차보다 희망격차 _ 17
나의 어머니, 나의 아버지, 나의 아들 _ 22
청춘이라면 유신을 겪어야 했던 시절 _ 28
만년 고시생, 아내에게 반하다 _ 32

02 권력 감시자, 홍준표••
왜 게이트는 반복되는가?

홍 검사, 당신 실수하는 거요 _ 39
역사(게이트)는 반복된다 _ 45
모래시계 검사, 옷을 벗다 _ 49
사법부 개혁에 대해 묻다 _ 53
검사에서 정치가로의 변신 _ 59
비주류에 있다는 건, 소신을 지킨다는 것 _ 65

03 대선후보, 홍준표•••
대한민국 리더십의 미래

• **대선출사표** _ 71
정권교체보다 리더십 교체 _ 71
욕먹는 리더십이 필요할 때 _ 77
최순실 게이트와 대통령 탄핵 _ 84
대통령 인사청문회를 권하다 _ 90

- **개헌과 선거구제도** _ 95
  - 내각제형과 중·대선거구제 _ 95
  - 개헌에 가려진 진짜 중요한 것들 _ 101
  - 한국 민주주의 어디까지 발전했을까? _ 107
  - 부패를 끊는 해법, 정치 구조의 변화 _ 111

- **보수의 미래** _ 116
  - 이익집단에서 이념집단으로 _ 116
  - 경제민주화 바람에 대한 생각 _ 120
  - 신 보수주의 운동 _ 123
  - 좌파와 우파, 색깔론의 중심에서 _ 129

04 서민대통령, 홍준표 ••••
대한민국을 경영하다

- **경제정책** _ 137
  - 홍준표의 재벌 개혁안 _ 137
  - 일자리 창출은 기업이 하는 것 _ 143
  - 한진해운사태를 통해 본 경제정책 _ 143
  - 세계화와 한국의 미래 경쟁력 _ 153

- **외교정책** _ 157
  - 미국의 흐름이 택한 트럼프, 그래서 중요한 핵 균형론 _ 157
  - 선 군사 균형, 후 협상 재개 _ 162
  - 사드 배치와 중국의 경제보복 _ 169
  - 남북통일과 일본의 위안부 합의 _ 174

- **복지정책** _ 178
  - 선심성 복지에서 재정적 복지로 _ 178
  - 홍준표의 서민복지론을 듣다 _ 184
  - 보육복지와 청년수당복지 _ 190
  - 진주의료원 폐업과 노동개혁 _ 194
  - 최고의 복지는 좋은 정치다 _ 198

- **교육정책** _ 203
  - 사다리 걷어차기에서 사다리 세우기 _ 203
  - 교육 격차를 부수는 몇 가지 제안 _ 208
  - 학력차별금지법에 대하여 _ 213
  - 인재대국주의로 나아가다 _ 217

01

사람, 홍준표

흙에 뿌리를 두다

사람, 홍준표

저는 뼈 속까지 흙 수저입니다

김 2017년 3월 18일, 대구 서문시장에서 대선 출정식을 가졌습니다. 22년 동안 정치생활을 한 것으로 아는데 감회가 새로울 것 같습니다. 서민 대통령, 당당한 대통령, 정의로운 대통령 총 3대 슬로건을 내거셨네요. 서민 대통령은 2007년에도 슬로건으로 내세운 것으로 압니다.

홍 물로 배를 채웠던 지난날의 제 경험이 서민들을 위한 정책을 펼치는 데 밑거름이 된다고 믿습니다. 고기도 먹어본 놈이 먹는다고 합니다. 저는 이 말 속에 깊은 철학이 들어가 있다고 생각합니다. '이전의 경험'이 '현재의 선택'을 하는데 결정적인 역할을 하기 때문입니다. 고급 음식도 먹어본 사람이 마음 편히 먹지, 저같이 물로 배를 채운 사람은 '처음에 이걸 먹어도 되나?' 싶은 생각이 듭니다. 불편해서 또 먹고 싶은 생각이 안 듭니다.

무엇보다 정치를 하는 사람이라면 다양한 세대와 계층을 아우르는 경험을 가지고 있어야 합니다. 특히 국민의 대다수가 서민층이기에 유년 시절에 겪은 제 가난이 큰 힘이 될 거라 믿습니다. 가난을 살아봤기에 피상적인 정책을 써서 예산만 낭비하는 일은 하지 않을 자신이 있습니다.

김 가난이 삶의 어디에서 영향을 미치는지 잘 안다는 이야기군요.

홍 미국의 콜롬비아 경제학 교수인 '넉시'는 빈곤의 악순환에 대해 이야기를 했습니다. 주로 저개발 국가에서 발생하는 문제로 '자본 부족'을 빈곤의 원인으로 꼽았습니다. 옛날엔 우리나라도 저개발 국가였기에 이 이론이 인기였습니다.

저는 보릿고개의 마지막 세대입니다. 아직도 기억에 남는 게 장리곡(長利穀)이라는 제도입니다. 농촌에서 가장 오래된 금융제도 정도로 생각하면 이해가 빠를 겁니다. 춘궁기가 되면 돈 좀 있는 부잣집에 가서 '보리나 쌀'을 빌린 뒤, 가을쯤 추수를 하면 반 가마니를 더 얹어서 갚는 제도였습니다. 상황이 이렇다 보니 부잣집의 횡포가 말이 아니었습니다. 곡식을 꿔주는 갑이라는 이유로, 머슴 부리듯 무상으로 농사일을 시켰습니다. 하필 그 부자 집이 친구네라 자존심이 상했지만 부모님이 일을 도우니 저도 도와야 했습니다. 가난이 죄가 되는 것은 아니나 죄의식을 갖게 만든다는 것을 그때 깨달았습니다.

김 워낙 쌀과 보리가 귀했던 시절이라 장리곡 제도가 횡횡했을 겁니다. 밥을 곪는 수준은 아니어도 요즘 청춘들은 '심리적인 배고픔'을 느끼며 살아갑니다. 이번 생은 망했다는 의미의 이생망, 흙 수저, 헬 조선 등 청년의 절망감을 느낄 수 있는 워딩들입니다. 취업이 안 되서도 힘들지만 '다시 태어나지 않는 한 희망이 없다'는 불신이 그들의 삶을 전반적으로 어둡게 만드는 것 같습니다.

홍 초등학교를 다섯 번이나 다녔을 만큼 힘든 유년 시절을 보냈습니다. 학년마다 전학을 다니면서 초등학교를 마친 저는 중학교만큼은 '시내'에서 다니고 싶어 대구행을 결정했습니다. 대구의 내당동에 있는 월세 방에서 거주했는데, 밤 10시만 되면 주인아주머니가 소등을 했습니다. 그땐 집 전체의 전기 사용량에 따라 전기세가 나왔기 때문입니다. 그래도 공부를 할 수 있었던 건 비록 물리적으로는 어두웠지만 가슴 속에는 '희망'이란 게 있었습니다. 지금 한국의 청년들은 반대였습니다.

김 반대라는 의미는 무슨 뜻인가요?

홍 의식주는 훨씬 좋아졌지 않습니까? 적어도 불이 들어오지 않아서 책장을 덮어야 하는 환경은 아니니까. 또 저는 중·고등학교 때 도시락을 싸간 적이 없었습니다. 점심시간만 되면 수돗가에 가서 물을 틀어놓고 배를 채웠습니다. 어느 날은 배가 너무 고파서 매점에 갔는데 단팥빵이 그렇게 맛있어 보였습니다. 하지만 돈이 없어 사먹지 못했습니다. 그래서 저는 지금도 쌀밥과 단팥빵을 고집합니다. 어릴 때 실컷 먹지 못해서 아내에게 저 두 개는 타협하지 않겠다고 했습니다.

김 그래서 쌀밥이 아니면 드시지 않는 거군요.

홍 하지만 다 같이 못 먹고 못 살 때라 괜찮았습니다. 뭐, 다시 원래 이야기로 돌아가서 저는 물리적인 어둠이나 배고픔을 견뎠지만, 지금 친구들은 정신적인 허기에 시달리고 있습니다. 실제로 희망격차사회라는 말이 있습니다. 저소득층 젊은이들의 그룹 내에서 더 빠르게 퍼진다고 알고 있습니다. 경제적 불평등이 '희망의 격차'를 낳는 원인인데, 한창 도전해야 할 젊은이들이 희망 한 번 가져보지 못하고 있으니 어른들이 반성해야 합니다. '내일은 더 나아질 것이다', '3년 후에는 어디든 들어가서 밥벌이는 하고 있겠지'는 희망이 아닙니다. 마지못해 하는 말입니다. 저는 정치인들이 희망격차라는 말을 뜯어서 봐야 한다고 생각합니다. 그래야 흙 수저나 이생망 같은 말들이 나오지 않을 수 있도록 실질적인 정책을 펼 수 있습니다.

부의 격차보다 희망격차

김 희망격차의 구체적인 항목으로 고용안정, 계층 이동의 가능성, 취업기회 등이 있는 것으로 압니다. 진짜 뭐하나 우리나라 젊은이들이 쉽게 가질 수 있는 항목은 없는 것 같습니다. 모든 후보자들이 '자신이 어렵게 성장한 시절'에 대해 자주 이야기 합니다. 그런데도 국민들이 잘 공감을 못하는 데는 '그래도 지금은 금 수저지 않느냐?'라는 인식 때문인 듯합니다.

홍 그건 개인차가 있을 것 같습니다. 어떤 사람은 '금 수저 인생'에 익숙해졌을 것이고, 또 어떤 이는 평생 '흙 수저 인생'을 잊지 못하기도 합니다. 저는 후자에 해당합니다.

돌이켜 보면, 유년 시절은 물론 청장년 시절에도 저는 늘 변방에 있었습니다. 어릴 때부터 이어져온 삶의 존재 방식이 제 인생에 영향을 끼치고 있다는 생각이 들었습니다. 그럴 때마다 '언제쯤이면 중심 세계로 들어갈 수 있을까?'라는, 치기어린 생각도 들었습니다. 이런 고민을 9년 전 《변방》이라는 책을 통해 밝혔는데, 그 이후의 제 삶은 더 변방으로 밀려났습니다. 저는 젊은이들이 흙 수저와 금 수저를 나누는 심리적 기준에 대해 잘 압니다. 겉으로는 돈을 기준으로 계급을 나누는 것 같지만, 속내를 따라가 보면 '변방에 있느냐? 중심에 있느냐?'를 놓고 흙 수저와 금 수저를 나눕니다. 중심에서 살면 금 수저고, 변방에서 살면 흙 수저라고 여기는 것입니다.

김 누가 들으면 홍 지사님이 '흙 수저 전문가'인 줄 알겠습니다.

홍 김 교수도 알다시피 전 검사직이나 정치인으로 있을 때도 '중심'에 있어본 적이 한 번도 없었습니다. 무엇보다 가난이 현실의 어느 부위를 찌르는지 경험적으로 잘 알고 있습니다.

가난은 물리적인 배고픔은 물론이고, 꿈이나 희망조차 포기시키거나 이월시킵니다.

김 이월이라고 한다면?

홍 말 그대로 다음으로 연기시키는 것을 말합니다. 중·고등학교 때 제법 공부를 잘해서 경북대 의대를 목표로 삼았습니다. 의사라는 꿈이 세워진 거지요. 그런데 아버지께서 등록금이 비싸니 그냥 육사 입학을 권하셨습니다. 그 선택도 나쁘지 않겠다 싶어 육군사관학교에 들어가기로 마음을 먹었지만 아쉬운 감도 있었습니다. 만약 가정형편이 나았다면 전 의사가 되었을 것입니다. 이처럼 하고 싶은 일이 있어도 집안 사정이 좋지 않으면 아예 그 꿈을 포기하거나 멀찌감치 미뤄둬야 합니다. 그 절망감은 이루 말할 수 없습니다.

김 꿈을 이월시키는 젊은이들이 많다는 건 분명 비극입니다. 그런데 육사 대신 법대를 선택하셨습니다. 이 과정에 대해 들려주실 수 있으신가요?

홍 1971년인가로 기억하는데 그때 집에 큰일이 났습니다. 마을의 농협 창고에서 3백포의 비료 포대가 없어졌는데, 경찰이 우리 아버지를 범인으로 몰고 수색을 한 것입니다.

평소 한 성격 하는 아버지는 사사건건 마을 유지들과 대립을 했습니다. 유지들 입장에서는 굴러들어온 돌이면 잠자코 있어야 하는데 아버지는 그런 분이 아니셨거든요.

한 번은 마을에 배정된 새마을 자금을 어디에 쓸지를 두고 회의를 했는데, 마을 사람들은 '수도 사업'에 사용되길 바란 반면, 아버지는 마을회관 건립을 주장하였습니다. 그때 마을 사람들끼리 우리 아버지만 가만히 있으면 원하는 대로 할 수 있다는 여론이 조성된 것입니다. 그러다 마침 '비료 포대 도난 사건'이 터지고 말았습니다.

김 그때 아버지가 누명을 쓰시게 된 거군요.

홍 맞습니다. 조합장이 아버지를 범인으로 지목하였습니다. 그로부터 3년 후 조합장의 횡령으로 누명이 벗겨지긴 했지만, 우리 가족으로선 억울한 일이었습니다.

김 아, 그런 일이 있으셨군요. 그래서 고려대 법대를 진학한 건가요?

홍 네. 이전까지는 돈이 없어서 가족을 지키지 못한다고 생각했는데, 아버지의 누명을 겪으니 법으로 가족을 지켜야겠다는 생각이 들었습니다. 없는 집 아이들이 공부를 하는 이유는 '대단한 호사'를 누리기 위해서가 아닙니다. 나와 내 가족을 지킬 수 있는 유일한 수단이 공부밖에 없기 때문입니다. 그래서 당시엔 집의 누이들이 '외아들'을 위해 희생을 많이 했습니다. 제 작은 누이도 똑똑했음에도 초등학교를 마치자마자 대구의 방직공장에 취직하여 제 학비를 대주었어요. 누나가 없었다면 중·고등학교는 물론, 대학 진학도 힘들었을 것입니다.

김 《나 돌아가고 싶다》라는 책을 보니 '다시 돌아가면 공부 대신 장사를 할 것이다. 돈을 많이 벌어 부모님을 잘 모시고 싶다. 검사를 할 때도 살아계시던 어머님을 제대로 모시지 못해 씻지 못할 죄를 저질렀다.'라고 어머님에 대한 마음을 쓰셨습니다. 지금도 공부 대신 장사를 하겠다는 생각에는 변함이 없으신가요?

홍 사람이라면 누구나 '가보지 못한 길'에 대한 미련이란 게 있지 않습니까? 그때는 장사를 생각했을지 몰라도 지금은 힘들 것 같습니다. 어머니, 아버지 다 장사를 하셨지만 영 소질이 없었거든요. 저라고 크게 '장사 기질'이 있을 것 같지는 않습니다.

나의 어머니, 나의 아버지, 나의 아들

김 부친께서 장사를 하셨군요. 지사님을 생각하면 부친께서도 대차셨을 것 같습니다. 부친은 어떤 분이셨나요?

홍 아버지는 몰락한 한학자의 후예였습니다. 외가가 부잣집이었고, 아버지가 데릴사위로 들어왔습니다. 그럼 잘 살아야 하는데, 아버지는 외할아버지가 돌아가신 뒤 한량의 길로 들어서게 됩니다. 매일 술판을 벌이고 유흥비 마련을 위해 논과 밭을 팔았던 거죠. 그래서 제가 초등학교 1학년 때 이미 가세가 기울었습니다. 그때부터 우리 가족은 유랑극단처럼 창녕 남지, 대구 신천동, 신암동, 창녕읍 등을 떠돌아 다녀야 했습니다.

김 그걸 어머니께서 다 인내하셨군요.

홍 어머니의 희생이 가족에게는 커다란 힘이 되었습니다. 그래도 저는 아버지를 존경하는 것이 가족에 대한 책임감이 크셨던 분입니다. 아버지는 양은그릇과 누룩을 팔았지만 원채 장사 수단이 없으셨던 분이라 모두 망했습니다. 맨 나중에는

울산에서 저희 가족이 둥지를 틀었는데, 그때 울산은 현대조선소며 석유화학 단지며 최고의 공업 도시로 자리를 잡았습니다. 아버지는 예순의 나이에 현대조선소의 야간 경비 자리를 얻어냈습니다.

김 원래 남자의 '남(男)'자가 열 십(十)과 입구(口)의 합성어로 된 글자잖아요. 열 식구를 먹여 살린다는 의미죠. 부친께서도 남자로서의 역할에 최선을 다하셨네요.

홍 배를 건조하다 남은 철근이나 쇳조각을 지키는 업무였는데, 영하 15도의 날씨에도 그것을 지키는 아버지의 모습을 보고 한참이나 울었습니다. 제가 검사가 된 후 울산지청에 내려가 현대중공업 간부들과 자리를 가진 적이 있습니다. 제 아버지가 이곳에서 일했다고 하니 간부들이 사원 카드를 찾아봤다고 하더군요. 그런데 아무리 찾아봐도 아버지 정보가 나오지 않았다고 합니다. 비정규직 사원 정보가 남았을 리가 없었을 겁니다. 그리고 나서 지병으로 1년 후 돌아가셨습니다.

김 남자에게 '아버지란 존재'는 그 의미가 남다릅니다. 하나의 세계라고 해야 하나? 또 아들이 검사씩이나 됐으니 당연히 부친도 현대중공업의 정규직 직원이라고 여겼을 겁니다.

홍 그런 남편을 만나 고생만 하고 돌아가신 어머니는 제 멘토입니다. 그래서 대구 서문시장에서 대선 출마 선언했을 때 '나의 평생 멘토는 어머니다'라고 밝혔습니다. 어머니는 사과 장수와 가발을 만드는 원재료를 파는 달비 장사를 하셨는데, 수완이 없으셨습니다. 남들은 방문한 집에서 밥도 얻어먹고 그러는데, 어머니는 종일 굶은 채로 집에 왔습니다.

김 그래도 아들이 검사가 되고 정치인이 되었으니 얼마나 좋아하셨겠습니까.

홍 아들 덕을 보고 가셨다면 제가 이리도 마음이 짠하지는 않았을 텐데.. 저희 어머니는 그러지 못하셨습니다. 1996년 4월 말에 선거를 끝낼 때쯤인가 급하게 전화가 걸려 왔습니다. 어머니가 위독하니 당장 울산으로 달려오라는 전화였죠. 새벽 1시가 다 되어서야 울산 동광병원에 도착했는데, 어머니가 외아들을 보고 가려고 버티고 계셨습니다. 의사 말로는 벌써 가셔도 가셨어야 했다고 하더군요. 아들이 검사가 됐다며 행복해하셨으면서도 행여나 검사 아들에게 누가 될까봐 동네 주민에게 자랑 한 번 하지 않으신 분입니다. 그렇게 자랑스러운 아들에게 호강 한 번 못 받아보고 눈을 감으셨습니다. 이게 얼마나 한으로 남는지 모릅니다.

김 지사님이 검사가 된 것만으로도 충분히 효도를 받았다고 여기셨을 겁니다. 일전에 지사님께서 '하루라는 선물'을 부모님께 드리라고 한 적이 있었습니다. 집에만 가면 어머니께서 하루만 더 있다가 가라고 했는데, 일 때문에 자리를 털고 일어났다고. 모든 어머니는 자식이 '하루만 더 있다가' 가는 것을 세상에서 가장 큰 선물이라고 여긴다는 말씀이 가슴에 와 닿았습니다.

홍 네 맞습니다. 부모라는 존재는 20년 동안 자식을 키우고, 나머지 생애는 자식을 기다리며 사는 존재 같습니다.

김 지사님에게도 두 명의 아들이 있는 것으로 압니다. 잘 알려지지 않았는데 아버지 홍준표는 어떤 사람입니까? 집에서도 엄하게 지도를 할 것 같습니다.

홍 제가 집에서 어떤 아버지인지는 직접 물어보는 편이 정확할 것 같습니다. 작은 놈은 '자발적 홍길동'이었습니다. 학교에 다닐 때도 누가 홍준표 아들이라고 물으면 아니라고 잡아뗐다고 합니다. 아버지 아들로 살아봤자 불편하기만 하니 모르쇠로 살 거라고 하더군요. 작은 놈이 해병대 출신인데, 처음엔 수송병으로 입대 신청을 했습니다. 수송병으로 가려고 대형운전면허까지 땄는데, 병무청 관계자가 국회의원 아들을 데려가 봤자 골치만 아프다고 했답니다. 아버지는 지 인생에 도움이 안 된다고 하더군요. 그래서 제가 "네가 홍길동이냐?"라고 했습니다.

김 재밌는 이야기네요.

홍 큰 아들은 작은 놈이 무서워할 정도로 강단이 있습니다. 큰 놈이 고등학교 2학년 때였나, 하라는 공부는 안하고 머리에 물을 들이는 등 반항을 했습니다. 그래서 제가 크게 꾸중을 했습니다. 그런데 요 녀석이 군 입대를 앞두고, 저에게 그때 일을 사과하라고 하는 겁니다. 처음엔 기가 차서 대꾸도 안 했지만 결국 사과를 하였습니다.

김 오랜 시간 묵혀 있던 앙금을 털어버린 거군요.

홍 부자지간이라는 게 어색할 때가 많습니다. 그래도 두 놈에게 고마운 게 '공직자 아버지'를 둔 짐을 나름의 방식으로 잘 짊어주고 있는 점입니다.

김 이회창 총재도 그랬지만 '자녀의 군 입대'와 관련하여 정치인의 운명이 바뀐 적이 많았습니다. 그런 점에서 지사님의 두 아들은 현역으로 다녀왔으니 이 역시 고마워해야 합니다.

청춘이라면 유신을 겪어야 했던 시절

김 화제를 돌려서 '법대생 홍준표' 이야기를 좀 나눠보겠습니다. 어쩌면 어른이 되고 나서의 홍준표를 만든 게 대학교 때부터 아닌가요?

홍 저를 만든 시기였다기보다 넓은 세상에 왔으니 성장통을 많이 겪었습니다. 사법고시도 봐야 했고, 아내와 만나 결혼도 해야 했고, 모든 20대가 통과해야 할 관문을 다 겪느라 정신이 없었던 것으로 기억합니다. 그리고 대학에 입학해서도 제 형편이 달라지지 않았습니다. 서울에 오자마자 맨 먼저 한 일이 가정교사 광고를 낸 일이었습니다. 하숙집에 짐을 풀기도 전에 먹고 사는 일부터 마련해야 했으니까요. 과외 학생의 성적이 오르지 않아 쫓겨나기도 했고, 여고생들을 가르칠 때는 짓궂은 장난 때문에 머쓱했던 일도 많았습니다. 가정교사를 마치고 하숙집에 들어오면 녹초가 되었습니다.

한 번은 '내가 서울에 가정교사를 하러 온 건가? 아니면 내 공부를 하러 온 건가?'하는 생각이 들 만큼 제 생활이 주객이 전도되었습니다. 그럴 때마다 학업에만 전념한 친구들이 부러웠습니다. 아무 걱정 없이 대학 생활에만 전념할 수 있는 동기들과 비교가 돼서 힘들었습니다.

김 20대 때의 홍 지사님과 오늘 날 20대 친구들이 느끼는 것이 거의 비슷한 것 같습니다. 저도 대학에서 아이들을 지도하다 보면 '알바와 학업'이 바뀌는 경우를 많이 접합니다. 그때마다 본업에만 충실할 수 있는 것도 행운이라는 생각이 들더군요.

홍 대다수의 한국 사람들이 현재는 좀 암울하더라도 미래는 나아질 거라고 기대하는 경향이 있습니다. 낙관적으로 미래를 내다보는 건데, 정작 그 미래가 왔을 때 상황이 나아지지 않는다면? 그 절망감은 이루 말할 수 없습니다. 자꾸 젊은이들에게 꿈을 갖고 도전을 하라고 하는데 이건 공염불에 불과합니다.

청년 복지는 '일자리에서 시작해서 일자리에서 끝이 난다'고 해도 과언이 아닙니다. 일자리가 있어야 연애도 하고, 자기 계발도 하고, 무슨 도전이라는 것을 할 수 있지 않겠습니까?

미래를 갖기 위해서는 현재가 필요하다는 사실을 정책을 펼치는 이들이 알아야 합니다. 그래서 저는 서민 위주의 복지 정책을 펴 나갈 계획입니다.

김 지금 지사님의 말을 듣고 보니, 정치인이 펼치는 정책과 그들의 삶이 무관하지 않다는 사실을 깨닫게 됩니다.

홍 당연합니다. 저뿐만 아니라 흙 수저에서 시작한 정치인일수록 정책을 펼칠 때 스펙트럼이 넓습니다. 가난을 겪었으니 서민의 애달픔을 알 것이고, 또 여유로운 생활도 하고 있으니 중산층이 무엇을 원하는지도 잘 압니다. 각각의 민심을 헤아리는 일이 수월할 수밖에 없습니다.

김 지사님이 대학생이던 시절이 유신 체제였던 것으로 압니다. 박정희 대통령이 권력을 유지하기 위해 국가의 기능을 중단하고 유신 헌법을 제정, 대학생들이 격렬하게 항의 운동을 펼친 1970년대에 대학생 생활을 하셨는데요. 지사님도 학생 운동에 참여를 하셨나요?

홍 본래 유신이라는 말이 '새롭게 고친다'는 유교 언어입니다. 그때만 해도 대학생들이 세상을 새롭게 고쳐보고자 격렬하게 학생 운동을 펼칠 때였습니다. 저는 본격적으로 학생 운동을 한 것은 아니지만 그래도 참여는 했습니다. 주로 글재주가 좋아서 '유신 철폐 유인물 작성'을 도맡아서 했습니다. 한 4천 장의 유인물이 뿌려진 것으로 압니다. 이때 유인물에 대한 평이 좋았는지 친구가 '동아일보 성금 모금'을 해야 하니 격려문을 써달라고 부탁을 해 왔습니다. 차마 거절할 수가 없어 참여하였는데 그 사건이 바로 '동아일보 광고 사태 사건'이었습니다.

김 그때도 언론의 탄압이 심할 때라 언론사들도 힘든 시기를 보내야 했습니다.

홍 당시 동아일보 광고 탄압이 절정에 다다랐습니다. 자유 언론 투쟁을 벌이는 동아일보 기자들에게 힘이 되고자 대자보를 만들어 도서관을 돌며 학생들에게 성금을 거두었습니다. 모은 성금과 격문을 가지고 동아일보사로 가서 '익명으로 성금'을 전달하였습니다. 그런데 '익명의 고대생들 동아일보 격려 성금'이라는 제목으로 기사가 나간 탓에 일이 커져버렸습니다. 중앙정보부 요원이 제가 쓴 유인물을 보고 글씨체가 동일하다는 점을 발견한 것입니다. 중앙정보부 6국에게 붙잡혀가, 8시간 동안 조사를 받고 각서를 쓴 뒤 풀려났습니다.

김　집에서는 뭐라고 하지 않으셨나요? 걱정이 컸을 것 같습니다.

홍　동아일보 사건으로 조사를 받고 나온 해가 1974년입니다. 그때가 아버지가 돌아가신 직후였어요. 집의 가장이 된 상황에서 조사까지 받으니 가족의 걱정이 컸습니다. 그래서 데모에 참여하는 대신, 사법 시험 준비에 들어갔습니다. 1차는 곧바로 합격했지만 2차엔 낙방하여 6년이나 고시생으로 살았습니다.

만년 고시생, 아내에게 반하다

김　제가 알기론 2차 시험을 붙기 전에 사모님과 만난 것으로 압니다. 사법 시험 준비도 하면서 연애도 같이 하신 건가요?

홍　그렇습니다. 1976년쯤인가 그런데 고대 앞에 있는 국민은행 창구에서 아내가 일했습니다. 보자마자 반했습니다. 아내를 보기 위해 1천 원씩 인출을 하러 갔습니다. 그러다 결정적인 계기가 찾아왔습니다. 제가 아내 이야기를 했더니 친구들이

신이 나서 국민은행에서 일하는 선배의 도움으로 아내를 불러낸 겁니다. 어쨌든 그 덕분에 아내와 첫 데이트를 하게 되었습니다. 그리고 곧바로 프러포즈를 했습니다.

김 첫 만남에서 청혼을 했다는 말씀인가요?

홍 "내는 아무것도 없다. 그런데도 좋으면 법대 도서관 앞으로 언제까지 오라" 하고 헤어졌습니다. 뭔가 확실하게 해야 공부에 집중할 수 있을 것 같았습니다. 다행히 아내가 와 줘서 6년 간 연애에 들어갈 수 있었습니다.

김 참으로 홍 지사님답습니다. 그럼 사법 고시는 언제 합격한 건가요?

홍 1982년 7월, 정말 마지막이라는 심정으로 고시를 치렀습니다. 6년 동안 고시 생활을 해서 그런지 더는 자신이 없어 마음을 비우고 시험장에 들어갔습니다. 불합격될 것을 생각해 한라자원의 파푸아뉴기니 지사로 가는 대비책까지 마련하였습니다. 제 나름대로 배수의 진을 친 셈이죠. 그러니까 합격되었습니다. 시험에서 1등으로 붙겠다고 덤벼들 때는 안 되고, 마지막이니 편하게 보자고 하니 되었습니다. 그동안 기다려준 아내에게 미안한 마음도 들고 해서 그해 12월에 결혼식을 올렸습니다. 봉천동에 있는 지하 단칸방에서 신접살림을 시작했습니다.

김 긴 터널이었지만 끝이 있었던 거네요. 한국의 젊은이들은 '터널에 갇힌 기분'이 든다고 합니다. 오도 가도 못 하고 터널에 갇힌 느낌이 들 만큼 힘들다는 반증일 겁니다. 현재의 이상을 좇는 욜로 족(YOLO, You Only Live Once)이 대세라고 합니다. 욜로 족의 배경을 살펴보면 아무리 노력해도 원하는 미래를 가질 수 없으니, 현재 자신이 원하는 가치를 위해 소비를 하게 되었다고 합니다. 현재를 사랑한다는 측면에서는 긍정적이겠으나 미래를 담보할 수 없어서 생겨난 가치관인 만큼 씁쓸한 측면도 분명 존재합니다.

홍 '오직 한 번뿐인 인생'이 욜로 족의 중심 테마라는 말씀이군요. 그럼 한 번뿐인 인생이기에 '당장 원하는 것 말고, 평생에 걸쳐서 이루고 싶은 가치'에도 도전을 하라고 하고 싶습니다. 무슨 고시 준비를 하라는 뜻이 아닙니다. 미래가 암울하다고는 하나 분명 하는 만큼 기회가 생기고, 그 기회들이 누적되어 '차원이 다른 성장 궤도'로 진입할 가능성이 아직 우리 사회엔 있습니다. 시스템적으로 바꿔야 할 것도 있으나 개인이 노력하여 바꿔야 할 부분도 분명 존재합니다. 또한 무엇이 되었다고 해서, 혹은 원하는 직장에 들어갔다고 해서 터널에서 완전히 빠져나온 것도 아닙니다. 제2, 3의 터널이 기다리고 있는 게 인생이니 '터널을 빠져나오는 데만' 골몰하기보다 '터널 안에서 살아가는 방식'에도 관심을 가져야 합니다.

02

권력 감시자, 홍준표 ••

왜 게이트는 반복되는가?

권력 감시자, 홍준표

홍 검사, 당신 실수하는 거요

김 제2, 3의 터널이 존재한다는 것은 지사님의 인생이 그랬다는 의미인가요? 요즘이야 로스쿨 때문에 법조인의 수요가 넘쳐서 문제지만, 당시만 해도 사법 시험에 붙으면 소위 금 수저 인생을 살 수 있는 티켓을 땄거나 다름없지 않았나요?

홍 물론 먹고 사는 문제는 해결이 됐습니다. 그러나 사법 연수원 때까지는 형편이 어려워 단칸방에서 큰놈을 키웠습니다. 연수원을 수료하고 나서 돈을 벌고자 변호사 개업을 알아봤지만 개업비용이 만만치 않았습니다. 그래서 검사로 선회하였습니다. 첫 근무지가 청주지방검찰청이었습니다. 검사가 되자마자 느낀 건 검찰이라는 조직은 결제라인이 많고 검사로서의 권한을 행사하기엔 제약이 많다는 점이었습니다. '이런 문화에서 소신껏 권한을 행사할 수 있을까'라는 생각이 들었습니다.

김 그렇다고 지사님이 위에서 시키는 대로 하실 분은 아니지 않습니까?

홍 당연하지요. 억강부약(抑强扶弱), 강자는 누르고 약자는 도와준다는 뜻입니다. 검사 시절 제 정신이기도 했습니다. 처음엔 뭣도 모르고 법무부 장관의 친척도 구속하고, 안기부의 비리도 조사해 초장부터 '홍준표=통제 불가능한 검사'로 찍혔습니다. 11년 간 청주 지청, 울산 지청, 영등포 내 남부 지청 특수부와 형사부, 광주 지검, 서울 지검을 거쳤는데, 남부 지청에 있을 때 굵직한 사고를 많이 쳤습니다.

김 통제 불가능한 검사로 찍히면 수사하는데 방해를 받으셨을 것 같습니다. 검찰이 권력지향적이라는 소리는 조심스럽지만 사실 아닙니까? 그 안에서 적정히 타협할 것은 하고, 검사로서 더 재직하는 것이 낫다는 생각은 안하셨나요?

홍   기면 기고, 아니면 아니지 무슨 타협을 합니까? 사실 '통제 불가능한 검사'라는 수식어는 검찰 조직의 오류를 그대로 보여줍니다. 검사가 왜 통제를 받으면서 수사를 해야 하나요? 이미 이 말 안에는 검찰의 자율성이나 수사권을 윗선이 정한 상한선 내에서 해야 한다는 뜻이 들어가 있습니다. 모순입니다. 저는 지금도 후배들과 만나면 '검사로서의 도(檢事道)'를 당부합니다. 조사 대상이 누가 됐든 소신 있게 수사하는 것. 이것이 검사도입니다. 이게 되지 않으니 국민이 검찰을 신뢰하지 않게 된 것입니다.

김   사법부의 독립이나 올바른 역할에 대해 국민들도 눈 여겨 보고 있습니다. 방금 검사도에 대해 언급을 하였는데 그럼 한국 검찰이 회복해야 할 가치가 있다면 무엇이 있을까요?

홍   사법부의 핵심 기능은 권력의 눈치를 보거나 비위를 맞추는 것이 아닙니다. 오히려 권력을 견제하는 기능을 하는 곳이 사법부입니다. 사법부가 권력의 농단에 춤추게 되면 대한민국의 미래는 없어집니다. 지금 이 사단이 나는 데 검찰도 책임이 있다는 거, 대한민국 사람 중 모르는 사람 있습니까? 특정 정당이나 인물을 꽃가마 태우기 위해 '권력의 가지치기'를 하는 일에 사법부가 동원되는 것은 5공 사법부로 되돌아가는 일이나 마찬가지에요. 사법부는 권력의 부당한 요구에 흔들리지 않고 사법적 정의를 실현하는 기능으로 돌아가야 합니다.

김 하하하, 잠시 흥분을 가라앉혀야 할 것 같습니다. 정치인 홍준표도 대차지만, 검사 홍준표는 그야말로 전투폭격기 그 자체였습니다. 검사로 재직하던 당시, 그때가 1988년쯤인가, 남부지청 특수부에 배속되자마자 사고를 터트린 것으로 압니다. 전두환 대통령 누나의 아들을 변호사법 위반으로 구속시킨 사건. 혹시 기억나시나요? 4년차 검사가 하기에 큰일인데 후폭풍이 상당했을 것 같습니다.

홍 뭐 그때뿐이겠습니까. 검사가 되고 나서 법무부 장관의 사돈을 구속시킬 때 그분이 내게 "당신, 지금 실수하는 거요"라고 하더군요. 그분 말대로 전 검사를 하는 내내 실수를 했고, 그러자 점점 중앙에서 변방으로 밀려났습니다. 초등학교 때 학년마다 전학을 다녔는데, 검사가 되고 나서도 '이동 운'만큼은 변하지 않더군요. 뭐 '네가 영웅인 줄 아느냐'라며 욕도 많이 먹었는데 전혀 후회하지 않습니다.

김 남부 지청에 있을 때 대형 사건을 많이 맡으셨죠?

홍   김 교수는 제가 사고 친 것이 상당히 궁금한 가 봅니다. 서울 남부 지청에 있을 때, 전두환 대통령의 생질(甥姪)을 구속시켰다는 뉴스가 보도된 적이 있었는데 그때 '더 큰 건'이 들어왔습니다. 1988년에 일어난 5공 비리 수사 발단이 된 '노량진 수산 시장 강탈 사건'이 그것입니다. 이 사건은 청와대 민정 수석실에서 두 차례나 내사 종결을 하여 피해자들이 자포자기를 하였습니다. 청와대가 수사를 종결시켰는데 피해자들이 무슨 수로 수사를 진행하겠습니까. 그런데 그분들이 전두환 대통령의 생질을 구속시켰다는 뉴스를 통해 제 이름을 발견한 것입니다. 그날부로 저를 찾아왔어요. '저놈이면 눈치 안보고 수사하겠다.'는 확신이 들었던 모양입니다. 검찰 상부도 별 이상이 없다고 판단했는지 제게 노량진 사건을 배당해 주었습니다. 저도 서류를 검토하니 '대통령의 형이 관련되었다는 추측'만 있을 뿐 특별한 내용이 발견되지 않았습니다.

김   그냥 묻힐 뻔한 사건이었군요.

홍   그러다 결정적인 계기가 있었습니다. 퇴근을 하려고 차에 올랐는데 모 신문사 기자가 조수석에 탑승한 겁니다. 그러면서 사건 관련자 및 스토리에 대해 들려주었습니다. 집으로 가는 도중에 별의 별 생각이 들었지만, 묻힐 수 있는 사건이 아니라고 판단하여 그 기자에게 기술적 보도를 하라고 했습니다.

김 언론의 힘을 빌려서 수사를 진행하려고 했던 거군요.

홍 네. 맞습니다. 그 다음날 검찰이 난리가 났습니다. 모든 신문의 톱기사로 '노량진 수산 시장 강탈 사건'이 실렸고, 현직 고등부장 판사, 청와대 민정수석, 전 대통령의 친형, 감사원 사무총장 등이 연루된 탓에 연일 톱기사로 다루어졌으니까요. 저는 상부를 찾아가 언론 보도가 났으니 수사에 착수해야 한다고 밀어붙였고, 검찰에서는 '무늬만 허락'을 해 주었습니다. 계속해서 수사의 맥을 끊고자 방해공작을 펼쳤으니까요. 그 사건을 조사하는 40일 동안 1년 치 일을 몰아서 할 만큼 최선을 다했습니다. 그런데 결과가 허무하게 끝났습니다. 민정수석 한 명만 구속시키는 선에서 사건이 종결처리 되었으니까요. 제 모든 수사기록을 대검에게 뺏김은 물론, 그 이후로 공안부나 특수부 주변에는 얼씬도 못하게 되었습니다.

역사(게이트)는 반복된다

김 그 사건에도 민정수석이 연루되어 있었군요. 최순실 게이트도 '우병우 민정수석'이 연루된 탓에 전 국민이 '민정수석'이라는 직함에 친숙합니다.

홍 지금 최순실 게이트를 말씀하는 거죠? 청와대 민정수석이라는 자리는 최순실 같은 사람을 잡으라고 있는 자리입니다. 민정수석이라는 사람이 자기만 살려고 최순실을 모른다고 하는 것은 말이 안 됩니다. 노량진 수산 시장 강탈 사건에선 '끈 떨어진 민정수석'에게 책임을 지우고 축소 수사한 것이 문제였지만, 그래도 민정수석이 책임을 지기는 졌습니다. 그런데 이번 민정수석은 뭐하는 겁니까? 경제수석, 민정수석이 그 꼴인데 청와대가 기능을 제대로 할 수 있었겠습니까? 그런 자들이 정부 요직에 앉아 있는 것도 문제고, 그런 사람을 인용한 대통령에게도 책임이 있습니다.

김 대다수 국민들이 어떻게 최순실 같은 여자가 국정을 농단하게 됐는지 믿을 수 없다는 반응이었습니다.

홍 최순실 게이트가 이번이 처음일까요? 그렇지 않습니다. 우리는 그동안 수많은 부정부패를 경험했습니다. 역사는 반복이 된다고 했습니다. 이 말을 그냥 흘겨 들어서는 안 됩니다. 반복이 된다는 것은 과거의 경험에서 그 많은 비용을 치르고도 배운 게 없다는 뜻입니다.

노량진 수산 시장 사건이 잘 마무리되었으나 저는 그로 인해 특수부에서 형사부로 쫓겨나게 됩니다. 그러다 노태우 전 대통령의 사조직에 대선 자금을 댔다고 알려진 정덕진에 대해 알게 되었습니다. 이름하야 '정덕진 일가와 슬롯머신 업계의 정·관계 유착비리 사건'입니다. 안기부, 검찰, 청와대 등 정덕진의 손길이 닿지 않은 곳이 한 군데도 없었습니다.

마침 정덕진의 파친코 업소가 제가 있던 영등포 관할 내에 있어 10만 원 권 수표를 넣고 게임을 하러 갔습니다. 제가 잃은 수표를 추적하여 정덕진의 차명 계좌와 돈의 사용처, 배후세력을 알아내기 위해 한 3년 동안 그 짓을 했습니다.

김 그때도 그런 사건이 있었군요. 중간에 서울의 남부 지청에서 광주 지검으로 옮긴 것으로 아는데 아닌가요?

홍 맞습니다. 1991년 3월, 광주 지청의 형사부로 자리를 옮겨서 '폭력배와의 전쟁'을 치렀습니다. 당시 그들은 전남 지역에서도 내로라하는 건설회사의 요직에 앉아 낙찰자를 협박하는 등 악행을 저질렀습니다. 조직폭력배를 건설업계로부터 추방시키는 일이 급선무라고 여겨 모조리 청산하였습니다. 그 결과 32명의 조직 폭력배를 구속하였으며, 나머지는 건설업계에서 내쫓았습니다. 1년 3개월 동안 조직폭력배와 싸우면서도 정덕진을 추적하는 일도 놓지 않았습니다. 그러다 정덕진을 파고들 결정적인 기회가 찾아왔습니다. 상부에서 1992년 여름, 조직폭력배를 청산한 성과를 인정하여 서울지검으로 발령을 내 주었기 때문입니다. 저는 서울에 오자마자 정덕진 비리 사건을 파고들었습니다.

김 그 정도 인물이면 검찰 내부에도 '정덕진의 배후'가 존재하지 않았을까요?

홍 각오하고 있던 일입니다. 제가 모시고 있던 서울 지검장은 물론, 검찰 고위급들이 정덕진과 연관되어 있었습니다. 그래서 각별히 보안 유지에 신경을 썼습니다. 이 일이 성사되려고 했는지, 1992년 겨울 검찰에서 조직 개편이 있었습니다. 소신이 강한 송 검사가 상사로 오게 되어 얼마나 다행이었는지 모릅니다. 일종의 판이 만들어진 셈이죠. 우리 팀이 '파친코 업계 수사'를 발표하자 검찰 내부의 반발이 거셌습니다.

그래도 아랑곳 하지 않고 수사에 박차를 가했습니다. 6공 황태자와 검찰 내부의 음해에 시달려야 했지만, 수사가 진행되는 두 달 동안 우리 팀은 고등 검사장, 병무청장 등 40명이 연루된 사건을 파헤치는 데 성공했습니다.

김 검찰 내부자, 6공 황태자까지 관련된 사건이라면 초대형 사건입니다. 설사 성공적으로 수사를 마친다고 해도 '검사로서의 생명'이 끝날 수도 있는 사건이었습니다. 지사님은 퇴로에 대해선 고려를 하지 않고 검사 생활을 하셨군요.

홍 검사가 퇴로나 이후를 도모하게 되면 아무것도 못합니다. 전 이후나 도모하려고 검사가 된 것이 아닙니다. 물론 '검찰 조직의 상처를 내면서까지 영웅이 되고 싶은 거냐?'는 비난을 들을 때마다 속은 상했습니다. 그건 왜곡된 비난이었으니까요. 그 사건 이후로 검찰은 제게 더 이상 일을 주지 않았습니다. 저더러 수사 대신 독일의 통일을 연구하는 부서로 가라고 하더군요. 나가라는 뜻이었습니다. 자의 반 타의 반으로 1995년 10월 15일, 11년 동안의 검사 생활을 내려놔야 했습니다.

모래시계 검사, 옷을 벗다

김   드라마 〈모래시계〉 검사로 유명세를 떨치기 시작한 때와 맞물리는 시점에 옷을 벗으셨군요.

홍   1993년 7월이 되어 슬롯머신 사건이 종결되었습니다. 당시로서는 한국사회의 성역을 넘나든 사건이어서 국민적 관심을 받았지만, 제 옷을 벗게 만드는 사건이었지요. 그런데 이듬해 여름, 이 사건을 가지고 드라마를 만들겠다고 김종학 피디와 송지나 작가가 저를 찾아왔습니다. 몇 번을 고사했지만 검찰 상부에서 하라고 하여 협조를 했습니다.

김   당시 〈모래시계〉는 귀가시계라고 불릴 만큼 엄청난 인기를 누렸습니다. 덕분에 홍 지사님도 상당히 주목을 받은 것으로 압니다.

홍   주목을 너무 받아서 힘들었습니다. 아내가 고현정 씨 같은 여자가 결혼 전에 있었느냐고 하도 추궁을 해서 전 그 드라마를 나중에 몰아서 봤습니다. 물론 검사직을 그만두고 정계로 진로를 변경했을 때 '모래시계 검사'라는 이미지로 쉽게 유권자의 마음을 살 수 있었습니다.

김 모래시계로 유명세를 탄 것과 별개로, 11년 간 검사 생활을 하면서 '성역 없는 수사'를 하셨고, 그 덕분에 검찰 조직에서 미운털이 박혀 그만두셨습니다. 이건 뭐 변방이 아니라 '벼랑 끝'에 매달린 삶처럼 보입니다. 늘 검사 홍준표란 사람은 '권력형 검사'의 반대편에 서 있었습니다. 만약 그때로 돌아간다고 해도 같은 포지션을 취하실 건가요?

홍 다시는 검사를 할 생각이 없는 만큼, 김 교수 질문에 검사 생활을 정리해달라는 의미로 알고 답하겠습니다.

김 하하하, 의지가 확고하시군요.

홍 검사로 임관한 이래 부당한 권력과 11년간 싸워왔습니다. 정치에 입문해서도 20년 동안 저격수 소리를 들었습니다. 어떻게 살다보니 역대 대통령과 권력자의 비리를 파헤쳐 오게 됐는데요. 권력이 어떤 음모를 꾸미는지, 어떤 국가 기관이 동원되며 사법부는 어떤 경로를 거쳐 동원되는지도 눈여겨 보았습니다.
전두환 대통령의 5공 비리, 노태우 대통령의 친인척 비리는 상부의 만류에도 불구하고 직접 수사를 진행하였고, 정치권에 들어가서는 김영삼 대통령 시절 김현철 사건을 직접 보았습니다. 또 김대중 정권 때는 홍삼 트리오(홍일, 홍업, 홍걸) 비리도 직접 파헤쳤으며, 노무현 대통령 시절 때도 측근 비리를 조사하였습니다. 좌파 정권만이 아니라 우파 정권의 비리도 경험하였습니다. 이명박 대통령 때는 대통령의 형인 이상득 비리에 대해 MB에게 직접 경고하였습니다.

김 이야기를 들어보니 지사님은 '대한민국의 게이트 역사'의 산 증인이시군요.

홍 이젠 권력의 음모에 사법부가 동원되는 시대는 저물어야 합니다. 저 역시 정리를 하다 보니 비선실세나 국정농단 같은 일이 특정 정당에서만 일어난 게 아니라는 걸 알게 되었습니다. 사법부는 물론 국민들도 이 문제에 대해 고민을 해야 합니다. 그래야만 '나쁜 역사가 반복되는 일'을 방지할 수 있을 것입니다.

김 홍 지사님의 이야기를 들으면, 만약 내 자식이 검사라고 했을 때 '소신을 지켜가며' 검사의 길을 걸으라고 하기에 망설임이 있을 것 같습니다. 힘들게 공부해서 들어간 직장인데,

성역 없는 수사만 하다가 쫓겨나는 건 어떤 부모도 원치 않을 겁니다.

홍 소신을 지킬 수 없는 검사라면 그만두라고 해야죠. 한 번 타협을 하게 되면 열 번이 되고, 백 번이 되어 '선악을 구분하는 기준' 자체가 사라집니다.

요즘 영화나 드라마를 보면 검사는 협잡, 폭력, 사기꾼으로 그려집니다. 그랜저 검사, 벤츠 여검사는 보통이고 법조 비리의 원흉으로 알려지다 보니 국민들은 검사를 척결해야 할 공적으로 여깁니다. 저는 두 아들이 있는데 나중에 아버지가 죽으면 제문에 '현고검사 부군신위(顯考檢事 府君神位)'라고 써 달라고 부탁한 적이 있었습니다. 그런데 이제는 밖에 나가서 너희 아버지가 검사 출신이었다고 말하지 말라고 합니다. 왜 대한민국 검사들이 이렇게 타락했는지 검찰의 수뇌부가 알아야 합니다. 입신출세에만 급급한 그들은 자기 보신에만 관심이 있을 뿐, 조직이 망가지는 것에는 전혀 관심이 없는 것 같습니다. 안타까운 일이 아닐 수 없습니다. 그래서 국민들이 그토록 검찰 개혁을 요구하는 것입니다.

사법부 개혁에 대해 묻다

김 검찰에 대한 국민의 신뢰가 바닥으로 떨어진 상태입니다. 사법부의 '권력 견제 감시 기능'을 회복하기 위해서는 어떤 정책이 있을까요? 아무래도 검사 생활을 하셨으니 잘 아실 것 같습니다.

홍 과거 검찰에는 세 부류의 검사가 존재했습니다. 광어 족, 도다리 족, 잡어 족 검사가 있었는데 먼저 광어 족은 자신의 다음 근무지를 6개월 전에, 도다리 족은 1개월 전에 압니다. 그리고 잡어 족은 발표 직전에 알게 됩니다. 저는 인사이동을 다섯 번이나 했음에도 늘 이튿날 조간신문을 통해서 알았습니다. 이처럼 검사 간의 계급이 존재하였으며 인사에 목메는 분위기가 팽배했습니다. 부당한 인사가 검사의 소신을 꺾습니다.

김 검찰 안에서도 귀족, 평민, 천민이 존재했다는 말씀이군요. 상부에서 하지 말라는 수사를 하면 지사님처럼 중심에서 밀려나거나 인사 상 불이익을 받게 된다는 건데, 사실 인사 문제는 외부인이 관여하는 데 한계가 있습니다.

홍 검찰개혁의 방향은 간단합니다. 현 검찰의 문제는 수사권과 기소권의 독점에 있습니다. 검사는 독점적 기소권과 수사권을 갖고 있어 권한 남용의 소지가 높습니다. 다른 선진국들은 이 둘을 분산함으로써 권한의 집중을 견제하고 있습니다. 우리도 이렇게 가야 합니다. 그래서 저는 헌법 제12조 제3항에서 '체포·구속·압수 또는 수색을 할 때는 적법한 절차에 따라 검사 또는 사법경찰관의 신청에 의하여 법관이 발부한 영장을 제시하여야 한다.'로 개정을 추진할 생각입니다. 사법경찰관을 추가함으로써 권한을 분산시킬 것입니다.

김 개헌을 통해 경찰에 독자적인 영장 청구권을 줄 계획이시군요.

홍 검찰과 사법경찰관 모두 법관에게 영장 청구를 할 수 있도록 해야 합니다. 그래야만 검찰이 독점적 수사 주재권을 갖는 것을 막을 수 있습니다. 또한 인사 개혁도 단행할 계획입니다. 지금까지 검찰 총장은 변호사, 판사 중에서도 임명될 수 있음에도 100% 검사 출신에서만 추대되었습니다. 이런 식으로 검찰 총장이 정해지면, 밑에 있는 검사들은 상부의 눈치를 볼 수밖에 없습니다. '저분이 차기 검찰 총장 예정자'라는 이야기가 돌면 누가 그 사람의 눈 밖에 나는 수사를 하려고 합니까? 눈치보기식 수사를 없애기 위해서라도 검찰 총장을 외부에서 데려와야 합니다.

김 검찰 총장을 외부에서 데려오는 것으로 검찰 내부 조직의 쇄신이 이뤄질 수 있을까요?

홍 물론 아닙니다. 검찰 조직 전체를 손봐야 합니다. 그래서 검찰의 직급 조정안을 생각하고 있습니다. 한국 검찰엔 검사장급이 너무 많습니다. 이러한 직제를 대폭 정비해야 합니다. 현재 검찰의 검사장급 인원은 법무부 장관과 검찰 총장을 제외하고 모두 46명이나 됩니다. 통상적으로 검사장급은 차관 대우를 받습니다. 이런 직급을 대폭 축소하여 정관예우, 권한 남용, 부패비리의 확률을 줄여나가야 합니다.

김 한국에서 특검은 정치검사라는 말씀을 몇 차례 하셨습니다. 정치검사에 대해서도 어떤 정책을 펼칠 계획이신가요?

홍 우병우 전 민정수석이 대표적인 정치검사입니다. 우 수석처럼 정치검사는 철저히 색출을 할 생각입니다.

김 기자회견에서 "풀은 바람이 불면 눕지만 지금의 검찰은 바람이 불기도 전에 눕는다"는 발언을 했습니다.

홍 바람이 불기도 전에 눕는 검찰을 보면서 대한민국의 미래가 걱정이 되어 던진 말이었습니다. 검찰은 당선이 유력한 후보가 '원하는 바'를 보고 움직일 것입니다. 검찰은 공정성과 중립성을 지켜야 함에도 권력의 눈치를 많이 봅니다. 제가 집권하면 정치검사에 대해서는 철저히 조사하여 문책을 해 나갈 것입니다.

그러고 보면 사법부의 독립, 국민이 바라는 검찰이 되기 위해서는 어느 한쪽만 바뀌어서는 안 될 것 같습니다. 예전에 책에서 언급한 바 있는데, 국가공권력이 '법치주의'에 근거해서 행사되어야 함에도 '정치만능주의'에 근거해 움직여 온 점이 검찰 위기의 본질입니다. 공권력을 오로지 집권 대통령이나 집권당의 도구로 사용하려는 데서 문제가 시작되었습니다. '청와대의 사정기능 폐지' 없이는 검찰의 중립은 세울 수 없고, 검찰 조직의 뼈를 깎는 노력 없이는 국민이 바라는 검찰로 변신할 수 없습니다.

김 정치적인 쟁점으로 풀어야 할 일임에도 정치력이 부족하니, 공권력을 동원하고자 했던 측면이 분명 존재했습니다. 현재 초래된 국가공권력의 위기는 법치주의를 외면하고 권력자의 정치주의적 공권력 행사에서 기인되고 있음을 인정을 해야 할 때인 것 같습니다.

홍 맞습니다. 국가공권력이 권력자의 입지에 힘을 실어주거나 누명 벗기기에만 사용된다면 그것은 이미 국가공권력이 아니라 국가권력의 사권화(私權化)입니다. 리더십을 올바르게 세우는 것. 이것이야말로 검찰개혁의 본질이자 종착점이 되어야 합니다.

김 지난해에 이뤄진 재벌 총수의 청문회를 보면서 국민들은 '법의 보편성'에 대한 회의감 내지 허무주의를 경험했습니다. 서민은 교통 법규 하나만 어겨도 바로 법의 제재를 받는데 재벌은 무슨 짓을 해도 용서를 받으니 '법의 허무주의'를 느낄 수밖에 없었을 겁니다.

홍 부의 양극화가 심해지고 있습니다. 그러나 저는 부의 양극화에 앞서 '법의 양극화'부터 바로잡아야 한다고 믿습니다. 1993년 8월 초, 슬롯머신의 비리와 연관된 자들이 사면·복권 된다는 소식이 들렸습니다. 오랜 시간 고생해서 수사한 사건이 원점으로 돌아가 얼마나 허무했는지 모릅니다. 소액의 뇌물이나 횡령을 범한 일반 국민은 중벌을 받으면서 수억 원의 뇌물이나 횡령을 범한 지도자들은 사면복권 되어야 한다면, 법이 왜 필요할까요? 비리법권천(非理法權天), 권력 아래 법이 있다는 뜻입니다. 이는 봉건 시대에 권력에 의한 자의적인 법 집행의 관행에서 비롯된 유물입니다. '법에 의한 권력의 통제'가 되어야 정상인데, '권력에 의한 법 지배'가 이뤄지고 있으니 국민들이 '법 허무주의'에 빠지는 것도 과언이 아니지요. 어느 나라건 준법의식이 미약하면 부패가 만연할 수밖에 없습니다. 준법정신을 갖는 것이야말로 고귀한 자의 의무(Noblesse Oblige) 이행입니다.

김 여론재판이라는 말씀도 자주 하셨습니다. 이 말은 언론이 한쪽으로 치우쳤다는 의미인가요?

홍 그것은 아닙니다. 언론 덕분에 세상이 투명해졌습니다. 과거에도 대통령 측근들이 국정 농단을 일삼았으나 오늘날처럼 대통령 탄핵까지 가지는 않았습니다. 지도층에 대한 윤리 기준, 감시 기능이 높아진 데는 언론의 역할이 컸다고 봅니다. 무엇보다 언론의 기본 생리는 폭로입니다. 언론이 감시 기능을 제대로 해야만 잘못된 정치를 잡을 수 있습니다. 다만, 여론이 국민들에게 다양한 프레임을 점화해 주었으면 좋겠고, 기울어진 운동장에 편승하여 친 좌파적 뉴스만 내보내는 일도 없었으면 좋겠습니다. 언론의 생명이 공정성이라면 '뉴스의 양'도 공정해야 하지 않을까요?

김 법 개혁과 관련한 마지막 질문입니다. 흉악범이 날로 증가하고 있습니다. 사형 집행에 대해서는 어떤 입장이신가요?

홍 사형 집행을 하지 않은지 20년이 넘었습니다. 그러나 여전히 우리나라 헌법에는 사형제도는 합헌이라고 나와 있습니다. 그래서 저는 사회적인 흉악범에 대해서는 법의 실효성, 사회 방위를 위해서라도 사형 집행을 해 나갈 것입니다. 범인의 인권만큼 피해자의 인권, 사회의 인권이 훨씬 중요하다고 생각합니다.

검사에서 정치가로의 변신

김 검사생활을 그만두고 제2의 인생을 살게 됩니다. 1996년 1월 26일 신한국당의 국회의원으로 정계에 입문하게 되는데 '검사에서 정치인'으로 전환을 하게 된 이유가 있었나요?

홍 변호사 사무실을 개업했었습니다. 그런데 밤이고 새벽이고, 제가 수사에 참여했던 조직 폭력배들에게 협박전화가 걸려

오기 시작했습니다. 공권력 안에 있을 때는 건들지 못하다가 검사를 그만두니 협박을 해 온 것입니다. 아들 납치까지 거론이 됐기에 아차 싶었습니다. 제도권으로 다시 들어가야겠다는 생각을 하게 된 거죠. 제 정치 입문은 국가와 민족을 위한다는 명분보다 가족을 지켜야겠다는 '가장의 결심'에서 기인한 것이었습니다.

김 늘 대통령 측근 비리를 전담 수사하고 정치인들을 몰아세운 강검이 '정치인'이 되는 것도 쉬운 일은 아니었을 것 같습니다.

홍 선악을 구별 짓는 검찰에서 선악이 공존하는 정치판으로 가는 일이니 '다시 태어나는 기분'이 들었습니다. 더욱이 친 권력형 검사였다면 정치인으로의 변신이 쉬웠을 텐데, 저는 그 반대였기에 두려운 마음이 컸습니다.

김 그래서 1996년 1월 26일 입당을 결심하셨습니다. 한 가지 재밌는 소식을 들었는데 입당하기 전, 민주당의 의원들이 지사님의 집을 방문했었다고요.

홍 김영삼 대통령 측에서 '당선 유력 후보'라는 소식을 전해 듣고 '문민정부의 사정 검사가 왜 야당에 가느냐?'라며 여당으로 오라고 하여 약속한 것이 신한국당에 가게 된 계기였습니다. 그날 밤 제정구, 노무현, 김홍신 등 9명의 민주당 의원들이 집으로 찾아와 민주당 입당을 제안하였습니다. '정치인으로서의 갈길'을 정하는 일이라 그날 밤 잠을 거의 못 잤습니다. 그러다 선약을 엎을 수는 없어 신한국당으로의 입당을 굳혔습니다. 이후, 선거를 37일 앞두고 송파 갑에 출마하여 검찰청 대신 국회의사당에 출근하게 되었습니다. 그때가 1996년 5월 31일이었습니다.

김 검사생활을 했을 때도 고위관계자와 대통령 측근 비리 수사를 전담하더니, 정치권에서도 DJ 저격수라는 별명이 생겼습니다.

홍 일부러 'DJ 저격수 역할'을 자청한 것은 아니었습니다. 김대중 정권 시절엔 뭔가 일이 많았습니다. IMF에서 벗어나기도 했고, 남북정상회담도 이루어졌습니다. 반면 게이트 사건도 많았습니다. 이용호 게이트, 코스닥과 관련한 게이트 등이 잇따라 나왔습니다. 저는 'DJ 정권을 심판하는 특별검사'라는 구호를 내세워 동대문 지역에서 출마하여 압승을 거두어 16대 국회의원으로서 다시 의원 생활을 하게 되었습니다.

김 하지만 중간에 정치권을 떠나신 적이 있었지요.

홍 정치권에 들어와서도 조용한 날이 없었습니다. IMF에 대한 책임으로 50년 만에 진보 진영에게 정권을 내 주기도 했고, 선거법 위반의 공범으로 몰려 재판을 받기도 했습니다. 사법 책임이 아닌 관리 책임을 지고자 대법원 판결이 있기 전날 '의원직 사퇴 선언'을 하고 워싱턴으로 망명을 갔습니다.

김 의원직 사퇴를 선언하시고, 워싱턴 국제전략문제연구소 객원 연구원으로 가셨습니다.

홍 1999년 5월 초에 미국으로 떠났습니다. 애들 엄마는 큰 애가 고3이라 바로 귀국했고 저 혼자 미국에서 고독하게 생활해야 했습니다. 그런데 덜레스 공항에서 이명박 전 대통령과 만났습니다. 이명박 대통령은 1998년 12월부터 조지워싱턴 대학의 객원 교수로 와 있었습니다. 전 그분의 도움으로 집이며 중고차 마련 등 생활적으로 많은 도움을 받았습니다.

김 손학규 경기도 지사와도 그때 만난 것으로 압니다.

홍 손학규 전 지사는 선거에서 실패하여 조지워싱턴 대학의 객

원교수로 와 있었습니다. 그렇다고 셋이서 회동을 한 적은 없었습니다. 제가 그냥 따로 만났습니다. 주로 두 분과 정치에 대한 이야기를 나누었는데 그때 깨달음을 얻었습니다. 워싱턴에 오기 전의 홍준표는 '검사적 시각'에서 벗어나지 못하고 있었던 겁니다. 몸은 정치판에 와 있으면서 검사 적 사유를 하니 일이 풀리지 않았던 겁니다. 그래서 그때를 기점으로 검사적 사유에서 정치인의 시각으로 개안을 하여 '제2의 정치 인생'을 살게 되었습니다.

김 그래서 미국에서 돌아온 후 복귀한 17대 국회부터는 DJ 저격수 역할을 그만두고 홍준표만의 길을 가신 거군요.

홍 저만의 결심도 결심이지만 환경 자체가 변화를 도모해야 했습니다. 17대 국회는 386세대가 대거 유입되던 시절이었습니다. 권위주의 타파를 위해 의원 전용 출입문은 물론 전용 엘리베이터도 사라졌습니다. 그 시기와 맞물려 저 역시 변화를 도모하였습니다. DJ 저격수 역할은 물론, 검사적 사고를 버리기로 한 것입니다. 선악이 공존하는 정치판에서 선악을 구별하는 검사적 사고를 유지하는 것은 제 스스로 발목을 잡는 일이었습니다. 미국의 워싱턴에서 이명박, 손학규 선배에게 많은 것을 배운 것도 변화의 계기로 작용하였습니다. 저는 그때서야 당파를 위한 열정 대신 국가와 국민을 향한 정치가로 거듭났다고 생각합니다.

김 그 이후에도 기복이 있었던 것으로 압니다.

홍 2011년 7월 4일, 자력으로 당대표가 되었습니다. 어찌 보면 늘 변방에 있던 홍준표가 중앙 무대에 섰다고도 볼 수 있습니다. 하지만 19대 총선 준비에 매진하던 중 서울시장 보선 문제와 디도스 사태가 터졌습니다. 2012년 1월인가로 기억하는데, 개혁 공천으로 19대 총선을 이끌고자 했던 꿈은 피워보지도 못하고 대표직을 내려놓았습니다. 그러곤 거의 떠밀리듯이 출마를 했다 낙선한 뒤, 경남지사로 내려오게 되었습니다.

비주류에 있다는 건, 소신을 지킨다는 것

김 올해로 정치한 지 22년째가 되는데 '정치인 22년차'로서 홍준표와 한국 정치를 어떻게 정리하고 계십니까?

홍 먼저 홍준표를 정리하면 '중앙에서도 비주류가 되었던 사람'이라고 하는 게 맞을 것 같습니다. 육사 대신 고려대 법대생이 되었을 때 주류가 될 줄 알았는데 생계에 쫓기느라 그러질 못했고, 검찰에 들어와서는 11년 내내 비주류로 있다가 검사 복을 벗었습니다. 정치인이 되어서도 늘 저격수 역할만 맡다보니 배척을 당하면 당했지, 주류에 들어간 적이 없었습니다.

김 지사님은 하고 싶은 말은 해야 하고, 원채 소신이 강하여 비주류를 택한 것으로도 비춰집니다.

홍 세상에서 주류가 되고 싶지 않은 사람은 한 명도 없습니다. 오랫동안 비주류로 살다보니 '나의 편향성'에 대해 고민이 됐던 적도 많았습니다. 행여나 편향성으로 인해 가족이나 측근들이 다치지는 않을까? 늘 조바심이 났습니다. 하지만 그것이 홍준표라는 사람의 정체성이니 어쩔 수 없다고 생각합니다. 주류에 있으려면 타협도 하고 비겁해지면 되는데, 다 알다시피 저는 그것이 안 되는 사람입니다.

김 홍 지사님도 다시 태어나야 주류가 되시겠군요. 적당히 비겁해지면 세상 살기가 수월해집니다. 하지만 또 지사님 같은 분이 있어야 세상의 중심이 잡혀질 수 있습니다. 주류와 비주류를 나누는 기준이 무엇인지 모르겠으나 자신의 자리에서 최선을 다했다면 저는 그 사람이 주류라고 생각합니다. 지사님은 적어도 '나는 치사하게 살지는 않았다'라고 말할 수 있으니 어떻게 보면 가장 행복한 사람입니다.

홍 감사합니다. 그래도 현재는 행복합니다.

김 비록 쫓겨나긴 했지만 검사로서 굵직한 수사도 진행하였고, 대통령의 저격수라는 수식어가 붙을 만큼 존재감 있게 정치 생활도 했습니다. 검사와 정치인, 이 둘을 다 하셨는데 정치만 한 사람보다 이 둘을 다 한 사람으로서 어떠세요? 검사와 정치인, 큰 차이가 있나요?

홍 한 가지는 확실하게 이야기 할 수 있습니다. 검사로 있을 때는 법적 책임이라는 것에 생각을 많이 하게 됩니다. 법적책임이 뭐냐면 '행위에 대한 책임'입니다. 자신이 저지른 잘못만큼 책임을 지는 게 행위책임론의 근간이라 '과정'을 중시합니다. 그런데 정치는 '결과에 대한 책임'만을 묻습니다. 이렇게 되면 결과에 이르는 과정은 멀찌감치 던져놓고, 결과에만 매달리게 됩니다. 아무리 좋은 취지에서 시작한 일이라도 성적표가 비루하면 정치판에서는 패배자 취급을 받고, 주류에서 밀려나게 됩니다. 이래서 정치인들이 수단과 방법을 가리지 않고 꼼수를 사용하는 것입니다. 승자만이 정치판에서 살아남는다는 시스템이 바뀌지 않는 이상 앞으로도 정치인에게 품격이나 '과정상에서의 윤리'는 여전히 사치일 수 있습니다.

김 대표적인 게 대권정치에 대한 집착을 들 수 있습니다. 오로지 정권을 잡는 것만이 유의미하다고 여기는 문화가 아직도 팽배합니다.

홍 정권을 잡는다는 말 안에 모든 것이 들어있습니다. 정권을 잡은 쪽은 다 할 수 있지만, 잡지 못한 쪽은 아무것도 할 수 없으니까요. 이런 점만 개선된다면 한국 정치가 그래도 꽤 성숙해질 수 있을 거라고 생각합니다.

03

대선후보, 홍준표 •••

대한민국 리더십의 미래

대선후보, 홍준표

대선 출사표

정권교체보다 리더십 교체

김 3월 18일 대구 서문시장에서 정권교체가 아니라 리더십 교체로 나가야 한다며 출사표를 던지셨습니다. 리더십 교체라고 하셨는데, 지사님이 생각하는 리더십이란 무엇인가요?

홍 리더십은 '단독'으로 만들어지는 것이 아닙니다. 진짜 리더십이란 구성원과 함께 뒹굴고 가슴 아파하는 와중에서 만들어질 수 있습니다. 난파선 밖에서 지휘하는 헤드십(Head ship)보다 난파선 안에서 함께 생사고락을 같이하는 리더십(Leadership)으로 나라를 이끌어야 합니다.

김 리더십 교체만큼 눈에 띄는 대목이 대란대치(大亂大治)입니다. 홍준표가 적임자라고 하셨습니다.

홍 대란(大亂)은 큰 혼란을 이야기 하고, 대치(大治)는 큰 정치를 이야기 합니다. 대란이 문제의 발단이나 상황이라면 대치는 그 문제를 해결하는 방법입니다. 본래 대란대치라는 말은 청나라의 전성기를 연 옹정제가 사용한 말입니다. 만주족이 중국을 지배하면서 한족의 저항으로 어려워지자 대치로 나라를 안정시켰다는 의미지요. 현재 한국 상황이 어떻습니까? 그야말로 정치 대란, 경제 대란, 사회 대란, 외교 대란 등 '천하대란의 상황'입니다. 대란이 있을 때는 대치가 필요합니다. 국가 전체의 패러다임을 전환할 정도의 큰 통치를 해야 작금의 국난을 안정 국면으로 전환할 수 있습니다.

김 욕먹는 리더십, 대란대치, 당당한 대통령 등이 대선 출마 전문에도 보이는데요. 기존에 우리가 갖고 있는 홍준표란 사람과 어울리는 워딩입니다. 그런데 맨 마지막에 담벼락 이야기가 등장합니다. 국민들이 기댈 수 있는 담벼락이 되겠다고 했는데....!

홍 왜 담벼락은 저랑 어울리지 않습니까?

김 하하하, 네 조금은요…!

홍 담벼락은 많은 것을 상징합니다. 든든한 정부나 리더십일 수도 있고, 단순히 기댈 수 있는 버팀목일 수도 있습니다. 지금은 보기 힘들어졌지만 담쟁이 넝쿨이란 게 있지 않습니까. 담을 타고 올라가는 줄기를 넝쿨이라고 하는데, 담쟁이 넝쿨을 본 순간 저 넝쿨에게 담벼락이 곧 땅이자 보금자리겠다는 생각이 들었습니다. 그 모습이 무척 편안해 보였습니다.
반면 우리 국민은 어떻습니까? 지금은 우리가 자각을 못하지만 청와대에 주인이 없는 것을 쉽게 보아서는 안 됩니다. 그건 국정 운영의 공백이자 전 세계에서 대한민국 혼자만 멈춰있는 것을 상징합니다. 밖에서 보면 대한민국이 엄청 불안해 보여요. 그러니 이런 때일수록 국민들이 기댈 곳이 있어야 합니다. 그런 의미로 담벼락이 되겠다고 밝힌 것입니다.

김 방금 '기댈 곳=담벼락'이라고 하셨습니다. 이 말은 지사님에겐 기댈 곳이 없었다는 것으로 들리는데 과도한 해석인가요? 제가 왜 이런 말씀을 하냐면, 성완종 리스트 사건으로 지사님이 '담벼락 없는 넝쿨'이 된 적이 있었기 때문입니다. 2월에 무죄 판결을 받아 대선 주자로 활동하고 있는데 그때의 심정은 어땠나요? 노상강도를 당한 느낌이라고 하여 여론의 주목도 받으셨는데.

홍 처음 성완종 사건이 공개되고 수사가 시작될 때 진짜 그 심정이었습니다. 노상강도가 뭡니까? 지나가는 행인을 붙잡고 협박해서 재물을 빼앗는 거잖아요. 1심에서 검찰과 법원 모두 제 죄를 사실로 인정하는 것을 보면서, 없는 것도 만들어내는 권력의 무소불위에 대해 아연실색했습니다.

저는 7살 때 고향을 떠나 50년간 타향살이를 했습니다. 집 떠나면 고생한다고, 정말 고향을 떠난 이후 한순간도 순탄한 적이 없었습니다. 대구, 합천, 울산, 서울 그곳이 어디든 가난에 찌들고, 변방에서 맴돌았어요. 늘 넘어지고 깨졌지만 다시 일어섰습니다. 그런데 성완종 사건은 힘들었습니다. '마지막 시험으로 여기자'라며 하루에도 몇 번씩 마음을 다잡았는지 모릅니다.

김 다행히도 무죄 판결을 받았습니다. 그 심정을 '바람에 머리를 빗고, 비에 몸을 씻는다'는 즐풍목우(櫛風沐雨)로 표현한 것을 봤습니다. 긴 세월 여기저기 떠돌며 갖은 고생을 다했다는 의미로 아는데 이제 고생의 종지부를 찍었다고 생각하시나요?

홍 고생은 모르겠고, 누명은 쓰고 싶지 않습니다.
　　30년의 공직 생활 동안 대한민국을 위해 일해 왔습니다. 권력을 누려보거나 실세라는 소리를 들어본 적이 없어요. 당연히 이권에 개입된 일도 없었습니다. 실세가 아닌데 누가 저에게 청탁을 해 옵니까. 성완종 회장의 메모에 적힌 6명 중 저만 '불법 정치자금 수수'를 했다고 합니다. 이게 말이 되는 일입니까? 홍준표에 대한 것만 사실이고, 5명은 허위라는 검찰의 결정에 실망이 컸습니다. 최종적으로 무죄 판결을 받아 다행스럽게 여기고 있습니다.

김 검찰이 정치적인 결정으로 지사님에게 누명을 씌운 거군요. 추후 사법부 개혁에 대해 논의하겠으나 한국 검찰이 하루라도 '권력지향'에서 벗어나야 나라가 바로 설 수 있을 것 같습니다. 무죄 판결을 받고 나서 페이스북에 의미심장한 글을 적으셨습니다.

홍 '적벽대전을 앞둔 제갈량이 주유에게 만사구비 지흠동풍이라고 했습니다. 무죄판결이 동풍이 되었으면 합니다.'라고 적었습니다. 만사구비 지흠동풍(萬事俱備 只欠東風)은 모든 조건이 갖춰졌으니 동풍만 불면 된다는 의미의 사자성어입니다.

김 동풍이 아니라 홍풍을 기대했다고 볼 수도 있겠네요.

홍 그렇게 되면 금상첨화겠습니다. 적벽대전은 삼국정립의 기반을 마련한 전투입니다. 적벽에서 일어난 전투라고 하여 적벽대전이라고 합니다. 손권과 유비가 팀을 먹고 조조와 벌인 전쟁인데, 적은 수로 많은 수를 이겨서 우리나라에서도 인기가 높은 것으로 압니다.
어딘지 모르게 2016년부터 현재까지 한국 상황과 닮아 있습니다. 사상 초유의 대통령 탄핵과 조기 대선이 이뤄지고 있는데, 몇몇의 최순실 사단이 대한민국을 통째로 들었다 놓았다 한 결과입니다. 적은 수가 많은 수를 농단한 사건이 대한민국에서 일어난 겁니다.

김 최순실 게이트와 관련한 논의는 추후에 하겠습니다.

욕먹는 리더십이 필요할 때

김 홍준표는 막말을 많이 한다고 합니다. 여기에 대해 지사님도 할 말이 많을 거라고 생각하는데 국민 입장에서는 '너무 세다'라고 느낄 수 있습니다.

홍 팩트를 다소 거칠게 표현한다고 해서 막말이라고 규정하는 건 문제가 있다고 생각합니다. 금의야행(錦衣夜行)이라는 고사성어가 있습니다. 비단 옷 입고 밤길을 거닌다는 뜻인데, 한국 정치인 중에는 '겉멋만 들고 보람 없이 일하는' 분들이 참으로 많습니다. 국민들이 보기에 점잖고 말도 골라가면서 하니 신뢰가 갈 수도 있겠습니다. 하지만 이런 분일수록 '실무에 무관심한' 사람이 적지 않습니다. 자신이 실무에 대해 모르고 있거나 일을 하지 않고 있을 때, 국민의 눈과 귀를 가리기 위해 고급스러운 화법을 구사하는 겁니다.

김 정치인의 이중 언어라고 할까요? 여기에 대해서도 찬반 의견이 갈리는 것 같습니다.

홍 흔히 정치인들이 사용하는 무난한 화법을 이중 언어라고 합니다. 이중 언어가 뭡니까? 긍정과 부정이 동시에 들어있는 언어입니다. 국민들은 정치인의 이중 언어를 보면서, 긍정적인 뉘앙스만 읽고 정리를 끝냅니다. 그런데 나중에 뚜껑을 열어 보면 '왜 긍정적으로 답해놓고, 우리가 원하는 대로 안 했지?'라는 생각이 듭니다. 기면 기고 아니면 아니라고 이야기하는 게 국민들이 사용하는 언어라면, '기어도 아니고, 아니어도 기다'고 말하는 게 정치인이 사용하는 이중 언어입니다. 매일같이 소통을 강조하면서 국민과 다른 언어를 사용하는 것 자체가 모순이고 국민을 기만하는 일입니다.

김 무슨 뜻인지 잘 알겠습니다. 다만, 사회통합이 중요한 시점에서, 지사님이 대통령이 되었을 때 '본인의 의견과 맞지 않는 사람을 배척하지는 않을까?'하는 목소리에도 귀를 기울일 필요는 있습니다.

홍 물론입니다. 대통령이 자기 말만 고집하거나 그런 사람만 등용하는 것은 대통령으로서 자격을 상실한 거나 마찬가지입니다. 저는 국익에 도움이 된다면 어떠한 소리도 들을 준비가 되어 있습니다. 또, 국민들이 대통령의 협치 능력에 대해 관심이 뜨거운 것도 잘 알고 있습니다. 그래서 한 가지 제안을 하고 싶습니다.

지금까지 한국은 아무리 소통이 뛰어난 대통령일지라도 청와대에 입성하는 순간, 국회와 거리를 두었습니다. 본인도 여의도 출신이나 국회를 지긋지긋하게 여깁니다. 예산편성권과 법률제청권을 의회가 갖고 있는 미국과 달리 한국은 모든 권한을 대통령이 갖기 때문입니다. 굳이 미국처럼 대통령이 의회와의 소통을 중시할 이유가 없는 환경이에요. 상황이 이렇다면 제도적으로 뒷받침할 수 있는 게 있어야 합니다. 대통령이 말만 부드럽게 한다고 해서 소통이 뛰어난 건가요? 협치를 잘한다고 할 수 있나요? 아닙니다. 그래서 저는 다수당인 야당에서 정무장관을 선임하여 국회와 소통하는 '정무장관 부활'을 실행할 생각입니다. 제도적으로 협치가 가능하도록 만드는 것이야말로 진정한 협치 리더십입니다.

김 국회와 협치하는 대통령을 보기 위해서는 그런 제도라도 있어야 하는군요. 네 알겠습니다. 혹자들은 홍준표 화법은 리더가 아니라 '실무자형 화법'이라고 지적하기도 합니다.

홍 그게 핵심입니다. 이제는 실무자처럼 일하는 대통령이 들어서야 합니다. 미국의 트럼프를 한 번 보세요. 언론이 자신을 공격할 줄 모르고 막말을 던지는 걸까요? 아닙니다. 그것보다 미국 경제를 살리고, 미국에게 유리한 국제정치를 해야 하니 세계 발언을 하는 겁니다.

저는 박 전 대통령의 탄핵이 결정되었을 때, 주변국이 발표한 입장을 유심히 봤습니다. 한국의 현 상황을 존중하겠다고 하면서도 일본은 '위안부 합의 재고 불가'를, 중국과 미국은 번갈아가며 '사드 배치'에 대한 입장을 발표했습니다. '너희 대통령이 어떻게 됐든, 우리가 원하는 것은 이거야'를 분명히 밝힌 겁니다. 한국은 지리학적 특성상 내치와 외치가 따로 갈 수 없습니다. 그러니 금의야행으로 국민들 눈속임 할 시간에, 하나라도 일을 할 수 있는 리더십이 세워져야 합니다.

김 지사님의 막말로 속이 시원할 때도 있습니다. 하지만 국민들은 부드러운 모습도 기대한다는 걸 알아주셨으면 좋겠습니다. 방금 금의야행에 대해서 언급을 하셨는데, 저는 이것을 정치인의 엘리트적 계급 의식에 대해 짚어준 거라고 생각합니다.

홍 예전부터 엘리트주의를 지양해야 한다고 주장했습니다. 이회창 총재를 모셨을 때도 그분께 몇 차례 관련해서 직언을 한 적이 있었습니다. 국민들이 주지하다시피 이회창 총재는 한국의 유수한 가문에서 태어나 경기중학교와 고등학교를 거쳐 서울법대를 졸업하고 대법관, 감사원장, 국무총리를 거친 한국의 엘리트 중의 엘리트입니다. 그러나 그것이 그분의 발목을 잡는 족쇄가 되었습니다.

김 족쇄가 되었다는 의미는? 이회창 총재는 아들의 병역비리가 문제가 됐던 게 아니었나요?

홍 둘 다 원인은 같습니다. 야당이 이회창 총재 아들의 병역비리를 터트리기 전부터 저는 문제의 소지가 될 수 있으니 정리를 해 두자고 하였습니다. 하지만 이 총재는 "무슨 소리냐. 위법한 사실이 없으니 밀고 나가라"고 하셨습니다. 국민 정서를 몰랐기 때문입니다. 법리적으로는 위법이 아니라도, 국민들은 '지도자 아들의 병역비리'를 진위여부와 상관없이 크게 받아들입니다. 엘리트들이 저지르는 실수를 이 총재도 저지른 겁니다.

또 대선 기간 중 국민들로부터 가장 많이 받은 질문이 '이 총재님이 서민의 정서와 애환을 알겠느냐'는 것이었습니다. 기품이 넘치고 정제된 말투를 사용하는 것은 장점이나 '평균적인 대중의 마음에 닿는 리더십'을 구사하는 데는 한계가 있었다는 반증입니다.

김 대개의 경우, 정치인들은 금 수저 출신이 많습니다. 이것을 국민들도 모르지 않습니다. 어떤 시각에서는 서민 코스프레가 오히려 위선이라고 말하기도 합니다.

홍　가장 바람직한 경우는 서민 코스프레를 하는 정치인이 아닌, 그냥 삶 자체가 서민인 정치인입니다. 바로 저 같은 사람입니다. 삶의 뿌리가 흙이고, 무대가 변방이었기에 굳이 코스프레가 필요하지 않습니다. 서문시장에서 대선 출마를 한 것도 중·고등학교 때 그곳에서 살다시피 했기 때문입니다.

김　하하하, 그래서 서민대통령으로 이번에 출마하신 거 아니십니까?

홍　우스갯소리가 아니고 홍준표는 '뼈 속까지 서민'입니다.

김　정치인들이 엘리트 의식을 지양하고 서민들을 위한 정치를 해야 한다고 하셨는데, 이것 말고도 한국의 정치 문화 중 바꿔야 하는 것이 또 있을까요?

홍　한국의 정치엔 특이한 문화가 있습니다. 바로 '전(前) 대통령 문화'가 존재하지 않는다는 겁니다. 왜 정권을 잡은 쪽은 '이전의 정권'을 부정하는 데서 새 정권이 출범하고, 국민 역시 이전의 정권을 부패하고 무능한 정권으로만 정리하는지 모르겠습니다. 각 정권마다 잘못한 점이 있지만, 잘한 점도 분명히 존재합니다. 미국의 오바마 대통령이 최고의 지지율을 받으며 대통령직에서 물러났습니다. 그만큼 국민 마음속에 닿는 리더십을 선보여 가능했겠으나 한편으로는 그러한 여론이 조성되는 환경이 부럽습니다. 선진국이 되기 위해서는 '올바른 정치문화'를 갖는 것이 중요합니다. 그렇다고 한다면 정치인이나 국민 모두 '한국이 가져야 할 정치 문화'에 대해서도 관심을 갖고 바람직한 방향에 대해 합의를 해 나가야 할 것입니다.

김 여기서 짚고 넘어가야 할 점이, 지사님께서 탄핵이 끝났으니 박근혜 전 대통령은 머릿속에서 지워야 한다는 발언을 했습니다. 이 역시 보는 시각에 따라서는 '전 대통령 문화'를 없애는 발언처럼 비춰질 수 있습니다.

홍 그것과는 다르지요. 박 전 대통령은 자연스럽게 임기를 마치고 정권을 이양한 타 대통령과는 구별됩니다. 사상 초유의 국정 공백을 낳았고, 최순실 같은 여자에게 국정 농단을 시켰든 당했든 국민들에게 상처를 주었습니다. 여기에 대해선 반성을 하셔야 합니다.

또 제가 박 대통령을 머릿속에서 지워야 한다고 한 건 와해된 우파를 결집시키기 위해서였습니다. 힘을 모아도 어려운 판국에 우파끼리 '비박이냐, 친박이냐'라며 분열하는 건 바람직하지 않습니다. 그런 취지로 한 발언이었습니다.

최순실 게이트와 대통령 탄핵

김 단도직입적으로 묻겠습니다. 최순실 게이트와 박 전 대통령의 탄핵에 대해서는 어떤 생각이신가요?

홍 안 그래도 인터뷰를 많이 했습니다. 박근혜 전 대통령은 무능한 모습을 보여주었습니다. 과거 대통령도 비공식 루트를 통해 세평이나 여론에 대해 자문을 구했습니다. 하지만 최순실처럼 비윤리적이고, 자격이 없는 사람에게 물어보지 않았습니다.
또 국정 농단이 아니어도 대통령이라는 사람이 청와대에서 미백주사, 태반주사를 맞았다면 국민적 분노를 사기에 충분한 처사였습니다. 이건 국민의 입장에 서서 국정 운영을 고민하는 대통령의 모습이 결코 아닙니다.

김 많은 국민들이 대통령의 무능력에 실망감이 컸으며, 이것만으로도 탄핵감이라고 입을 모았습니다.

홍 한나 아렌트는 《예루살렘의 아이히만》에서 '다른 사람의 처지에서 생각하지 못하는 것을 무능력이다'라고 정의했습니다. 박 전 대통령이 보여준 무능력은 단순히 '국정 운영에 대한 능력의 상실'만이 다가 아니었습니다. 한 나라의 대통령이 되어서 국민의 입장에서 생각하지 못하는 무능력. 이런 기본조차 갖춰지지 않았기에 민심이 폭발한 것입니다.

김 2017년 3월 10일 11시. 대한민국의 새로운 역사가 만들어졌습니다. 건국 이래 최초로 파면된 대통령이 탄생되었습니다. 박 전 대통령의 파면을 지지한 국민이나, 그렇지 않은 국민이나 결국 우리 모두의 역사로 기억될 것입니다. 지사님은 '탄핵감이 아니다'라는 주장을 계속해서 펼치셨습니다.

홍 저는 탄핵은 기각하되, 박 전 대통령이 스스로 물러나가는 구도가 바람직하다고 생각했습니다. 박 전 대통령이 무능한 것은 맞지만 탄핵을 당할 정도는 아니라고 보았기 때문입니다.

그러나 3월 10일 헌재에서 '대통령 탄핵'이라는 판결을 내렸으니 그 결정에 따르는 것이 옳습니다. 헌재 결정에 승복하는 것이 향후 국론 분열을 최소화 할 수 있기 때문입니다.

덧붙여서 이거 하나는 전하고 싶습니다. 서로 견해가 다르더라도 우리는 대한민국 국민입니다. 사회통합을 정치인이나 특정한 리더의 문제로 두기보다 국민 개개인이 갈등을 넘어 치유와 발전의 계기로 삼겠다는 결심을 해 주었으면 좋겠습니다. 국민의 자발적인 통합만이 호되게 앓은 대한민국을 하루라도 빨리 치유시킬 수 있습니다.

김 국민의 자발적 통합에 대한 의지. 상당히 와 닿는 주문입니다. 탄핵 결정이 나기 전, 지사님께서는 헌재가 '여론으로부터의 독립'을 해야 한다고 밝혔습니다. 이 말은 '헌재가 여론을 상당히 의식했다'고 느꼈다는 의미인가요?

홍 공정한 절차대로 헌재의 심판이 이뤄져야 한다는 뜻에서 남긴 당부였습니다. 대통령 탄핵 심판과 비상계엄령하의 군사재판. 이 둘은 헌법에서 규정한 유일한 단심제입니다. 재론의 여지가 없으니, 그것도 한 나라의 대통령을 탄핵하는 중대사인 만큼 재판관들의 중용을 당부한 것입니다.

한 번의 심판으로 모든 것이 결정되기에 심판 과정에서의 공정성은 중요할 수밖에 없습니다. 그래야만 대한민국이 분열되지 않고, 진정한 의미의 통합이 이뤄질 수 있습니다. 촛불민심과 태극기 민심이 봉합되기는커녕 첨예한 대립각을 세운 채 '다음 정부'가 세워지면, 좌파 정부가 들어온다고 해도 통합은 힘들어 집니다. '모든 시작은 끝에서부터 출발한다.'는 말을 새겨들어야 합니다. 박 전 대통령을 탄핵시킨 '촛불민심의 끝'은 한편으로는 새로운 차원의 '분열을 알리는 시작점'이 될 수도 있습니다. 이렇게 되면 우리 모두에게 악영향이 돌아옵니다. 그래서 '헌재 과정의 공정성과 투명성'이 중요하다고 여러 차례 밝힌 것입니다.

김 문고리 3인방 중 한 사람이라도 대통령에게 '입바른 소리'를 했다면 이 지경까지 오지 않았을 것 같습니다. 물론 윗선에서 시키는 대로 하는 것도 공직자의 역할입니다. 대통령을 잘 모신다는 게 쉽지만은 않은 일인 것 같습니다.

홍 문고리 3인방만이 아닙니다. 최순실 씨가 청와대에 드나들고 국정에 관여하는 사실을 많은 청와대 관계자들이 알았을 겁니다. 그럼 왜 이런 일이 벌어졌느냐? 다 개인 욕심 때문입니다.
민주주의가 일반화된 요즘 권력자 중 가장 힘이 센 사람이 누구인 줄 아십니까? 바로 선출된 권력자입니다. 임기 중 쫓겨날 일이 없기 때문입니다. 반면, 임명직 권력자의 운명은 어떻습니까? 임명권자가 신뢰를 거두면 바로 퇴출입니다. 문고리 3인방이 대표적인 예일 뿐입니다. 대통령이 "당신 옷 벗어"라고 하면, 그날부로 짐 싸서 청와대에서 나와야 합니다. 그러니 임명직 권력자는 임명권자만 바라보는 해바라기가 될 수밖에 없는 겁니다.

김 그렇다면 임명직 공직자들이 어떻게 대처를 해 나가면 좋을까요?

홍 착각만 하지 않아도 균형을 잡을 수 있습니다. 임명된 공직자들이 착각하는 게 뭐냐면, 권력이 본인의 힘으로 만들었다고 생각하는 겁니다. 그래서 전횡을 일삼는 겁니다. 이건 하나만 알고 둘은 모르는 처사에요. 그들의 녹봉은 임명권자가 아닌 국민으로부터 나오는 것인데, 이것을 인지하지 못하는 분들이 많습니다. 국민이 눈앞에 보이지 않는다고 하여 국민의 존재가 '없는' 것이 아닙니다. 문고리 3인방은 누구보다 성실하게 대통령을 모셨을 겁니다. 하지만 그 성실함의 기저에 국민이 있었는지 되묻지 않을 수 없습니다.

김 잠깐 샛길로 빠지겠습니다. 모래시계 검사가 아니랄까봐, 권력을 모래시계로 비유하셨습니다. 인상적인 비유라고 생각해서 기억하고 있었는데 왜 권력이 모래시계입니까?

홍 전혀 샛길이 아닙니다. 임명직 권력자나 공직자들에게 해주고 싶은 말입니다. 권력은 가지기전까지 집착을 해도 되지만, 취한 후에는 버려야 추해지지 않습니다.
기본적으로 권력은 모래시계의 속성을 그대로 따릅니다. 시간이 지나면 지날수록 '권력의 양'이 줄면서 종래에는 껍데기만 남기 때문입니다. 이러한 이치도 모르고, 늘 권력이 가득 차 있을 거라고 기대하는 건 불행을 자초하는 꼴입니다. 그러니 권력을 지닌 사람이라면 시간이 지날수록 겸손을 지양하고, 권력의 본질이라 할 수 있는 국민을 향해 나아가야 합니다. 그래야 임기를 무사히 마칠 수 있으며 '권력의 신기루'에서 자유로워질 수 있습니다.

대통령 인사청문회를 권하다

김 대통령 검증 시스템이 필요하다는 목소리가 높습니다. 현재 많은 대선후보자들이 국민 면접이나 〈썰전〉과 같은 프로그램에 나와 검증을 받았는데요. 이것 말고도 홍준표 지사님이 생각하는 대통령 검증 시스템이 있을까요?

홍 오래 전부터 대통령 청문회를 주장했습니다. 국민들은 새로운 사실을 알게 되고 후보자는 자신을 가다듬는 계기가 되므로 유용합니다. 국회의원도 오픈 프라이머리(Open Primary, 정당의 후보를 국민이 직접 선출하는 개방형 국민 경선제)로 가는 판국에, 나라를 책임지는 대통령에 대해서는 묻지마 투표를 하고 있습니다. 조기 대선을 치러야 하는 이번엔 무리가 있겠으나, 차기 대선부터라도 각 당에서 경선을 치루기 전에 청문회 제도를 도입하여 후보자의 도덕성과 정책을 검증하는 것은 바람직하다고 생각합니다. 이 청문회를 준비하기 위해서라도 '상대를 비난하는 네거티브 선거'가 많이 줄어들 것입니다. 상대 후보를 잘못 비난했다가 오히려 청문회에서 역풍을 맞을 수 있기 때문입니다.

김 대통령 청문회가 자리 잡힌다면, 저 관문을 넘어야 한다는 부담 때문에라도 우후죽순 출마 선언을 하는 사람도 줄 것 같습니다. 무엇보다 엄격한 검증 시스템이 확립되면 정치인 스스로 자기 관리에 철저해지는 '자기 검열 장치'가 될 것 같습니다. 정치인이라면 누구나 대권을 한번쯤은 꿈꿔보니까요. 민주주의 확립에 긍정적인 효과를 줄 수 있을 것 같습니다. 그럼 지사님이 청문회에 출석한 모습을 그려본 적이 있으십니까?

홍 물론입니다. 인사청문회제도가 생긴 후 낙마하는 후보자들을 볼 때마다 만약 내가 저 자리에 가면 어떤 의혹이 제기될까 자문해보았습니다. 세상에 비밀이 없다는 것을 되새기면서 공직에 있는 동안이라도 내 관리를 잘해야겠다는 생각이 들었습니다.

김 '최순실-박근혜 게이트'로 인해 권력의 사권화가 얼마나 치명상을 입히는지 알 수 있었습니다. 그래서 국민들은 낡은 정치를 청산하고 싶어 합니다. 정권 교체가 아니라 리더십 교체가 중요하다고 하셨는데, 여기에 대해 한 말씀 부탁드리겠습니다.

홍 저쪽(좌)에서는 정권 교체를 자꾸 외치는데 지금 국민이 원하는 변화는 정권 교체, 정치 교체, 세대 교체도 아닙니다. 바로 리더십의 교체입니다. 자기 밥그릇만 챙기다 조직이 위험해지니 꽁무니를 빼기에 바쁜 정당은 물론, 소통과 통합이라는 가면 뒤에 숨어 여론의 눈치만 살피는 유약한 정당도 정답이 아닙니다. 작금엔 욕을 먹어도 확실히 일을 해결하는 강한 리더십이 들어서야 합니다. 유약한 리더십으로는 난관을 극복할 수 없다고 생각합니다.

김 더불어 민주당의 세 후보는 적폐청산에 대해 이야기 하고 있습니다.

홍 그건 적폐의 의미를 잘 몰라서 하는 소리입니다. 적폐란 쌓을 적(積), 폐단 폐(弊)의 합성어로, 오랫동안 누적된 폐단을 지칭합니다. 그런데도 저들은 '우파(보수)의 폐단'만을 문제시하고 있습니다. 오랜 시간에 걸쳐 '잘못된 관행'이 쌓인 것이 적폐의 의미라면, 어떻게 한쪽만의 잘못이라고 할 수 있습니까? 좌파 정권 때는 아무런 폐단도 없었다고 단정할 수 있나요? 좌파 정권이 만든 적폐도 굉장했습니다. 좌파 정권이 10년 동안 만든 적폐는 그대로 두고 우파의 것만 청산하자는 것이 지금 야당 후보들의 주장입니다. 저는 동의하지 못합니다. 저쪽에서 하도 보수를 '적폐의 대상'으로 외쳐서 제가 '그럼 문 후보는 북한의 김정은과는 친구로 지내고, 반대편 당은 없애야 할 대상으로 삼을 것이냐?'라고 했습니다. 그 다음부터는 저쪽에서 적폐청산이라는 말을 하지 않습니다.

김 우파의 적폐, 좌파의 적폐라는 말보다 국가의 적폐를 청산하자는 말이 더 정확할 것 같습니다. 그럼 화제를 좀 돌려서 지사님이 생각하는 정권 교체란 무엇입니까?

홍 대한민국에서 정권 교체란 정당 간 교체만을 의미하지 않습니다. 사람이 바뀌고 정책이 바뀌면 그것이 정권 교체입니다. 박근혜도, 노무현도 넘어서야 합니다.

김 문화계 블랙리스트로 인해 조윤선 장관이 재판장에 섰습니다. 곳곳에서는 블랙리스트라는 말과 대비시켜 화이트리스트를 만들어 상을 주자는 움직임도 보이고 있습니다.

홍 제가 여기에 대해서는 강하게 발언하겠습니다. 우파 정부에서 '좌파 단체 리스트'라고 만든 것이 블랙리스트입니다. 이거 하나 만든 게 무슨 죄가 됩니까? 마치 5공 시절 보안사가 민주인사를 미행하고 도청하는 것처럼 블랙리스트를 여기는

데, 그렇지 않습니다. 그럼 좌파 정권이 집권하던 때는 이런 일이 없었냐 하면 그것도 아닙니다. 노무현 정권 내내 문화계를 지배하던 황태자가 두 명이 있었습니다. 그들이 '군기'를 잡아서 이회창 총재를 도운 연예인들은 일체 방송 활동을 하지 못했습니다.

김 국민들이 문화계 블랙리스트에 분개를 하는 건 언론의 자유, 표현의 자유와 관련이 있기 때문입니다.

홍 문화계 블랙리스트란 정권에 반대되는 성향의 문화예술인들이 정부 지원금 혜택을 받는 것을 방지하기 위해 만들어진 것입니다. '문화계 블랙리스트'라는 명칭이 문화예술계 전체를 탄압하고 마치 문화예술인의 기본권을 침해하는 것처럼 보이는 데 전혀 그렇지 않습니다. 저는 누구보다 영화와 시를 사랑하는 사람입니다. 그들의 예술적 활동을 탄압할 생각도 없을뿐더러 정부가 그렇게 해서도 안 된다고 생각합니다. 다만, 정권에 반대하는 목소리를 내면서 정부가 주는 지원금이나 혜택을 받는 것은 모순이라고 생각합니다.

개헌과 선거구제도

내각제형과 중·대선거구제

김 이번에는 선거제도와 관련한 이야기를 나눠보겠습니다. 바른 정당이 소선거구제를 중·대선거구제로 바꾸고, 300명의 의원을 200명으로 축소하는 것을 당론으로 정하지 않았습니까? 이건 예전부터 홍 지사님이 해오던 생각 아니었나요?

홍 네 맞습니다. 2001년도에 출간했던 《이 시대는 그렇게 흘러가는가》라는 책에서 밝힌 바 있었습니다. 한국의 정치가 부패할 수밖에 없는 데는 '정치인의 잘못된 선택'도 있지만 '잘못된 정치 구조'도 무시할 수 없습니다. 현재 우리나라가 채택하는 소선거구제는 하나의 선거구에서 1명의 의원만을 선출하는 제도입니다. 최다득표자가 당선되는 시스템으로, 세력이 큰 정당의 후보자가 당선될 확률이 높은 선거제도입니다.

김 중·대선구제는 복수 당선자가 나오는 건가요?

홍 중·대선구제는 하나의 선거구에서 2명 이상의 당선자를 뽑게 됩니다. 강남구 전체에서 복수의 당선자를 가려내는 것이 중·대선거구제라면, 강남에서도 논현동, 삼성동, 신사동 등 각 지역마다 1명의 의원을 선출하는 방식이 소건거구제입니다. 이렇게 되면 지역 분할이 가속화될 수밖에 없습니다. 무엇보다 정치권에서는 그 한 명이 되기 위해 선거에 전력을 다하게 됩니다. 극단주의적 선거 운동이 채택됨으로써 과열을 띠게 되는 이유가 여기에 있습니다. 이런 측면에서 소선거구제는 네거티브 선거를 조장하고, 고비용을 유발하는 정치 제도라 할 수 있습니다.

김 의자가 하나면 경쟁이 치열하나 몇 개 더 생기면 과열 양상은 줄 수밖에 없겠네요. 당연히 선거 비용도 낮아지겠고요. 중·대선거구제로 전환하게 될 시 지역화를 타파할 수 있다고 하셨는데 부연 설명 좀 부탁드리겠습니다.

홍 기본적으로 중·대선거구제는 소수정당의 정치 참여를 돕습니다. 1등 정당에서 1등 당선자만 내는 소건거구제보다 중·대선거구제는 군소정당에게 더 많은 기회가 주어집니다. 또한 지연이나 혈연과 같은 이유로 당선될 가능성을 줄이는 효과도 낳습니다. 중·대선거구제로 전환하여 호남에서도 여당이 당선되고, 영남에서도 야당이 당선될 수 있도록 해야 진정한 의미의 '사회 통합'이 이뤄질 수 있습니다.

김 네거티브에서 포지티브로, 선거의 지형을 바꾸는 데는 '선거구제 변경'이 좋은 대안이 될 수 있습니다. 기초 광역 단체장에 대한 생각은 어떠신가요?

홍 일제의 유산이라 할 수 있는 기초 및 광역단체를 개편하는 것도 좋습니다. 전국을 40~50개의 기초 단체로 통폐합하고, 도를 폐지하여 행정 능률을 높여야 합니다. 또한 기초, 광역 의원도 통합하여 지방 의원으로 격상시켜야 합니다. 정치제도 개편의 본질은 공존과 협력에 있습니다.

김 국회의원 선거 제도보다 국민의 관심은 '개헌 문제'로 많이 가 있습니다. 제왕적 대통령제가 심각한 문제를 초래한 만큼, 정치권에서도 이 문제에 대해 관심이 많습니다. 여기에 대해선 어떤 입장이십니까?

홍 대통령제가 문제가 된 데는 외치는 물론 내치에 해당하는 입법권과 행정권까지 대통령 한 사람에게만 집중되기 때문입니다. 대통령의 권력을 견지할 세력은 없고, 거기에 편승하려는 자들만 있으니 '건강한 국정 운영'이 어렵게 되는 측면이 있습니다. 대통령 혼자서 제왕적 권한을 누림으로써 국정이 어떻게 망가지는지, 우리는 2016년과 2017년에 걸쳐서 충분히 봐 왔습니다.

김 민주주의 국가들 중 대통령 책임제인 나라들이 많습니다. 그런데 유독 한국에서만 이 제도의 문제점이 지적되어 왔고, 매 정권마다 개헌 논의가 논의되었습니다. 그 이유가 뭐라고 생각하십니까?

홍 미국도 대통령중심제입니다. 그런데 한국의 대통령은 '정당의 실질적인 지배자' 역할은 물론, 예산안 편성권과 법률안 제출권까지 갖습니다. 5년 임기 동안 무슨 잘못을 해도 탄핵 말고는 그 어떠한 책임도 지지 않는 무소불위의 권력자입니다. 한마디로, 한국의 대통령제는 대통령 책임제가 아니라 '대통령 무책임제'라고 할 수 있습니다. 이런 의미에서 올해 이뤄진 박근혜 전 대통령의 탄핵 인용은 대한민국의 정치사에서 큰 사건으로 기억될 것입니다.

김 지난 3월 17일에 있었던 민주당 경선토론에서 문재인, 안희정, 이재명 후보 모두 임기 내에 개헌을 하겠다고 입을 모았습니다. 각각 개헌의 방향에서도 밝혔는데, 문재인 후보는 내년에 치러질 지방 선거 때 개헌을 두고 국민 투표를 하겠다고 밝혔습니다. 반면, 안희정 후보는 자치분권 개헌을, 이재명 후보는 대통령 4년 중임제를 선호한다고 밝혔습니다. 홍 지사님이 생각하는 개헌의 방향은 무엇인가요?

홍 저는 당내 인사를 장관으로 임명하는 방식인 '내각제'를 생각합니다. 저는 지금까지 '독고다이'로 정치를 해온 덕에 어떤 계파도 갖고 있지 않습니다. 그러니 누구보다 당내 인사와 원외 인사들을 두고 '공정한 인사'를 펼치는 일이 가능합니다.
이와 더불어 개헌을 통해 세종시를 행정수도로 만들 것입니다. 국회는 물론 총리까지 세종으로 내려가되, 청와대는 서울에 둘 것입니다. 그래야 국민들이 불안감을 덜 느낍니다.

김 개헌의 필요성에 대해서는 모두 공감하니 누가 됐든 차기 정권에서 개헌이 이뤄질 가능성이 높아졌습니다.

홍 개헌에 대해 한 가지 주지하고 싶은 것이 있습니다. 개헌이 뜨거운 감자인 것은 맞으나 먼저 알아야 할 것이 있습니다. 개헌을 권력구조의 관점으로만 보는데, '역사의 관점'으로도 볼 필요가 있습니다. 한 나라의 근간이 되는 헌법을 바꾸는 일입니다. 이는 한 나라의 방향성을 바꾸는 대업입니다. 만약 개헌을 하게 되면 '정부 형태'만 바꿀 것이 아니라, 헌법의 모든 불합리한 조항도 함께 손을 보는 것이 맞습니다. 물론 이렇게 되면 이익단체들이 자신의 의견을 헌법에 반영하기 위해 나설 가능성이 높습니다.

김 개헌에 대처하는 자세 혹은 마음가짐에 대해 짚어준 것으로 이해하겠습니다. 마음에 안 드는 구절만 쏙 골라서 바꾸는 것이 아니라, 한 나라의 근간을 바꾸는 일인 만큼 총체적으로 점검하고 접근할 필요는 있어 보입니다. 나중에 일이 진행이 될 때는 그렇게 될 거라고 기대합니다.

개헌에 가려진 진짜 중요한 것들

김   소선거구제도에도 중·대선거구제도로의 변화도 그렇고, 대통령제에서 내각제형으로의 변화도 그렇고 본질은 같을 거라고 봅니다. 한 사람에게만 집중된 권력을 분산시켜서 '국정 운영의 폐해'를 줄이고, '협치의 이점'을 최대한 누리는 것. 이것이야말로 사회통합을 위한 제도적 장치라 할 수 있습니다.

홍   맞습니다. 정치권만이 아니라 '승자독식의 체계'만큼 많은 부작용을 양산하는 시스템이 없습니다. 정치권부터 이러한 체계를 버리고, '더불어 살 수 있는 시스템'을 차용하는 것이 양극화로 인한 사회갈등을 줄일 수 있습니다.

김   사회통합을 위해 문재인 후보는 '차별이 없는 사회 통합'을, 안희정 후보는 '대연정'을, 이재명 후보는 '적폐청산'을 이야기했습니다. 홍 지사님은 무엇이 사회통합이라고 생각하십니까?

홍   우리 사회는 고도성장을 하는 과정에서 지역 간, 계층 간, 세대 간의 갈등이 심화되었습니다. 저는 지역, 계층, 세대 간의 갈등을 한국 사회의 내부 갈등이라고 이야기합니다. 지역 갈등 문제는 영·호남 갈등부터 중·남부 갈등까지 이미 확산되었습니다. 박정희 시대부터 본격화되기 시작한 지역갈등 문제는 우리 사회에 치유되기 어려운 구조로 심화되어, 국민적 에너지를 결집시키는 데 큰 장애로 등장했습니다. 지역갈등 문제는 능력보다 지역안배를 생각한 인재등용까지 심각성이 커졌습니다.

김 지역감정이 나쁘다는 것은 국민들도 알고 정치인들도 알고 있습니다. 그럼에도 꽤 오랜 시간 거론되고 '유효한 정서'로 자리 잡은 이유가 뭐라고 생각하십니까?

홍 흥행성입니다. 지역갈등이 나쁘다는 것은 초등학교 학생들도 다 아는 사실입니다. 그런데도 사라지지 않는 건 사용자 입장에서 그만한 흥행 수표가 없기 때문입니다. 한국은 예전부터 지역갈등 문제를 가지고 '정치적인 이득'을 보는 세력에 의해 지역감정을 키워왔으며, 현재도 유효합니다. 지금 언론을 보세요. 대구·경북을 TK로, 부산·경남 지역을 PK라고 부르지 않습니까? 이런 용어를 그냥 지나쳐서는 안 됩니다. 이런 용어가 일상에 파고들었다는 것은, 그만큼 지역갈등이 뿌리 깊게 자리했다는 뜻입니다. 국민들도 이것이 순수한 정치라는 생각은 하지 않을 겁니다. 촛불집회를 통해 성숙한 민주주의를 만들었듯이, 국민 스스로 의식개혁을 통해 지역갈등도 풀어나가야 합니다.

김 산업사회에서 정보사회로, 정보사회에서 4차 산업사회로 넘어가고 있습니다. 정보의 파편화는 개인화의 속도에 불을 붙여서 '계층 단절'을 일으킵니다. 요즘 드는 생각이 세상이 너무 빠른 속도로 변하다 보니 시대가 먼저 가고, 사람들이 뒤따라가느라 정신이 없는 것 같습니다.

홍 과도기일수록 혼란을 막는 단일한 체계나 기준, 문화가 필요합니다. 리더십이 그래서 중요한 거고요. 하지만 지금 우리는 '리더십의 공백기'에 놓여 있으니 당장은 기대하기 어려운 상황입니다.
사실 4차 산업혁명까지 갈 필요가 없습니다. 핵가족의 가속화로 우리는 이미 한 차례 세대 단절을 겪었고, 이로 인한 많은 문제를 지금도 겪고 있습니다.

김 가족 내에서도 분열과 갈등이 상당합니다.

홍 신문에서 하나의 삽화를 본 적이 있습니다. 삽화 제목이 '명절'이었던 것으로 기억합니다. 명절이라고 해서 온 가족이 한 자리에 모인 겁니다. 그런데 아이들은 스마트폰을 보고 있고, 어른들은 거실에서 TV만 보고 있는 겁니다. 오늘날 우리의 모습인 거죠. 몸은 함께 있으나 마음은 각자의 집에 있는. 저는 폭언과 폭력이 오가야만 갈등이 아니라고 생각합니다. 바로 이런 내적 긴장감, 공감하지 않는 분위기 역시 갈등의 또 다른 모습입니다. 현대 사회에서 일어나는 갈등은 '아군과 적군'이 뚜렷하기보다 아군 내에서 흐릿한 경계선으로 존재하고 있습니다. 그래서 늘 불안하고 불신이 팽배한 것입니다.

김 그럼 구성원의 갈등을 어떻게 해야 풀 수 있을까요?

홍 우선 리더십의 공백을 채워야 합니다. 나라가 불안정하니 국민들이 불안정할 수밖에 없습니다. 그리고 차기 정권에 누가 들어서든 '사회통합의 문제'를 커다란 의제로 인식하고, 정책을 펼치려는 노력이 국민 눈에 보이도록 해야 합니다. 지역, 계층, 세대, 가족 내 갈등이 사회통합의 문제라고 했을 때, 저는 진정한 의미의 내부통합이 이루어지는 일에 총력을 기울일 것입니다. 더 나아가 통합하려는 국민적 에너지를 가지고 남북통합의 길로 들어설 것입니다. 사회통합을 '남한의 문제'로만 국한하지 않고 '남북통일의 문제로' 볼 때, 중장기적인 플랜이 세워지고 정책의 지속성을 꾀할 수 있습니다.

김 남북통일까지 언급할 정도로 '한국 내부의 통합 문제'를 크게 보신다는 의미군요.

홍 그렇습니다. 이 둘은 따로 갈 수 없습니다. 제가 한 주간지와의 인터뷰에서 "사회통합보다 자기 진영에 충실해야 한다. 통합은 허울 좋은 소리다"라고 했더니, "그럼 홍 지사님은 사회 통합에는 전혀 관심이 없는 거네요."라고 하더군요. 그땐 대통령 선거에 국한지어서 드린 답변이었습니다. 선거에서 이기고자 어설프게 통합이라는 카드를 꺼내기보다 진보는 진보, 보수면 보수 각자 자신의 진영에 충실한 선거가 낫다는 의미에서 드린 거였습니다.

한국 민주주의, 어디까지 발전했을까?

김 평화로운 촛불 시위로 인해, 민주주의의 선구자라 할 수 있는 미국이나 영국에서 한국의 민주주의가 훨씬 성숙하다는 보도가 있었습니다. 하지만 우리 스스로 한국의 정치 혹은 민주주의에 대해 좋은 평가를 내리지 못합니다.

홍 이전과 달라진 점이 없는 정경유착의 방식, 모르쇠로 일관하는 재벌 및 정치인의 청문회 태도, 최순실 같은 여자에게 국정을 맡긴 대통령. 이 모든 것들이 '한국의 정치에 대한 자부심'을 갖지 못하게 만들었습니다. 하지만 분명한 점은 우리는 이미 많은 성숙을 이뤄냈다는 점입니다.

김 어떤 측면에서 한국의 민주주의 내지 정치가 발전을 했다고 보십니까?

홍 보통 정치개혁은 정당 개혁, 선거 제도의 개혁, 유권자의 의식 개혁 문제로 집약됩니다. 현재 한국은 정치나 정권교체만이 아니라 세대교체도 잘 이뤄냈습니다. 저는 이것으로도 큰 발전을 이뤘다고 생각합니다. 예전엔 어땠나요? 3김(김대중, 김종

필, 김영삼)에 의한, 3김을 위한 정치가 꽤 오랜 시간 지속되었습니다. 세 분 다 고령의 나이까지 권력을 행사했습니다. 저는 3김 정치 시대는 '3김을 위한 사당의 구조'였다고 생각합니다.

김 3김에 의한 정치사가 오랫동안 쓰이긴 했었습니다.

홍 또 정당개혁이 시급하다고 했는데, 다행히도 지금은 그것들이 이뤄졌습니다. 현재 한국의 정권이 적절히 교체된다고 하지 않나요? 이렇게 된 지 얼마 되지 않았습니다. 그동안 다양한 분야의 정치인들이 유입되어 왔고 세대교체도 이루어졌으니, 점점 한국의 정치가 건강해지고 있다고 볼 수 있습니다.

김 보수와 진보가 번갈아 집권하는 것은 긍정적인 것 같습니다. 다른 나라에 비해서도 한국은 '정권 교체'가 잘 이뤄지는 측면이 분명 있습니다.

홍 한국 국민의 균형 감각 때문입니다. 2000년 4월 야당이던 이회창의 한나라당은 총선에서 집권당인 민주당을 누르고 제1당이 되어 총선에서 완승을 했습니다. 하지만 2002년 12월에 치러진 대선에서는 졌습니다. 또 2004년엔 어땠습니까?

열린우리당은 탄핵 정국을 이용하여 총선에서 압승을 거두었으나 잇단 내분으로 재집권에 실패했습니다. 결국 이명박 정권에게 인계를 해야만 했습니다. 2016년 총선에서도 같은 일이 벌어지지 않았습니까? 새누리당으로서는 질 수 없는 선거였음에도 참패를 하였습니다. 우리 국민은 힘이 한곳에 쏠리는 것을 두고 보지 않습니다. 균형을 세우는 현명함이 있습니다. 이런 점에서 한국 민은 세계 어디를 내놓아도 뒤지지 않는 '유권자로서의 지혜와 자질'을 갖고 있습니다.

김 특정한 정치인이나 정당이 장기 집권을 하게 되면 거기에 따른 문제가 생겨나기 마련입니다. 정치적 균형을 잡는 현명한 국민을 가졌다면, 정치권에서는 이런 국민에게 '건강한 정치력'으로 보은을 해야 할 차례입니다. 그러기 위해서는 늘 문제가 되는 선거 개혁에도 신경을 써야 하지 않을까요?

홍 개헌논의가 한창인데, 선거제도 개혁은 논의의 주체가 당사자인 국회가 아니라 중립적인 선거관리위원회가 맡아야 합니다. 그간 숱한 선거법 개정의 시도가 있어 왔습니다. 그러나 여야가 선거법을 개정하는 속셈은 당리당략 그 자체였습니다. 당리당략에 따라 자당에 유리한 선거구를 확정짓는 게리맨더링(Gerrymandering)만 했지, 국가와 국민을 위한 진정한 선거제도의 개혁은 이뤄지지 않았습니다. 그래서 국회가 아닌 선거관리위원회에서 선거법 개정을 주도해야 한다고 말하는 겁니다. 더 이상은 '고양이에게 생선을 맡기는 꼴'이 되어서는 안 됩니다.

김 정치나 선거 개혁이 이루어지기 위해서는 국민의 노력도 중요합니다. 정치권이 국민의 눈치를 살피지 않을 수 없기에, 국민이 원하는 정치의 방향을 반영할 수밖에 없습니다. 전 세계가 종교 전쟁으로 테러가 끊이지 않고 있다면, 한국은 '지역감정'이라는 고질병이 큰 문제로 작용되고 있습니다.

홍 당연합니다. 저는 예전부터 유권자, 즉 국민의 의식 개혁을 요구해 왔습니다. 선거 때만 되면 언론은 정치인들의 잘못된 의식구조나 선거 관행을 질타하나, 정작 한국 민들의 그릇된 투표 성향에 대해서는 한 마디도 언급하지 않습니다. 저는 이것도 문제라고 봅니다. 그 나라의 국민 수준에 맞는 정치인을 가질 수밖에 없는 게 민주주의인데, 유권자들의 그릇된 투표 성향에 대해서는 하나같이 언론들이 침묵을 하는지 이해가 되지 않습니다.

김 학술지에서 한국의 유권자 투표 성향과 관한 논문을 본 적이 있었습니다. 그때 놀란 게 대선 투표였음에도 18% 정도의 유권자가 '현장에서 심정적 투표'를 한다는 점이었습니다. 미리 생각한 후보자에게 투표를 하는 것이 아니라, 현장에 가서 결정을 한다는 점에 놀랐습니다.

홍 한국의 유권자들은 지연, 학연, 혈연에 얽혀 감성에 의한 투표행위에서 쉽게 벗어나지 못하고 있습니다. 하지만 박근혜 전 대통령의 탄핵 사건 이후로 달라졌을 거라고 기대합니다. 이제는 사적인 감정에 이끌려서 투표를 하기보다 '정말 그 후보가 대한민국을 잘 이끌 수 있는 가슴과 머리를 가졌는지'를 고민한 후 투표를 해야 합니다. 그래야만 같은 비극이 반복되지 않을 수 있습니다.

부패를 끊는 해법, 정치구조의 변화

김 부패 청산의 문제로 들어가 보겠습니다. 부패 청산을 하루아침에 할 수는 없습니다. 하지만 뭔가 시스템 적으로 해결책을 내놓을 필요가 있지 않을까요?

홍 정권이 바뀔 때마다 개혁을 부르짖었습니다. 마치 개혁을 앞장세우고, 지난 정권의 오류를 바로 잡는 사정(司正)을 외쳐야만 새 정부가 출범할 수 있는 것처럼 보입니다. 그래서 전 말로만 부르짖는 개혁이나 사정은 동의하지 않습니다. 1년도 못 가서 신악(新惡)과 구악(舊惡)이 대치하게 되고, 다음 정부는 또다시 개혁을 외치는 악순환 속에서 60년 가까이 보내왔습니다. 최순실 게이트는 그 정점이었을 뿐 이전에도 부패는 심각했습니다.

김 최순실 게이트나 박근혜 전 대통령의 탄핵으로 인해 한국의 고질병에 대한 관심이 꺼져서는 안 됩니다. 보이는 현상을 해결했다고 해서 본질까지 바뀌는 것은 아니거든요.

홍 김 교수의 말에 동의합니다. 본질을 바꿔야 재발이 방지될 수 있습니다. 그런 측면에서 저는 두 가지 대안을 제안하고 싶습니다.
첫 번째는 정치구호성 개혁은 더 이상 안 된다는 점을 인지하는 일이고, 고 비용의 정치 구조를 바꾸는 게 그 두 번째입니다.
먼저 첫 번째부터 전하면 지금까지 우리는 부패의 근본적인 문제는 외면하고, 정치구호로 사정개혁을 외쳐왔습니다. 그러다보니 부패의 먹이사슬을 끊지 못했습니다. 이는 지도자 계층의 부패 즉, 도덕적 해이를 부추기는 기능을 했습니다.

김 삼성 이재용 부회장의 구속 기사가 보도되었을 때 많은 국민들이 '정경유착이 끊어지는 분위기가 조성됐구나.'라는 생각이 들었을 겁니다.

홍 그것만으로는 부족합니다. 박근혜 전 대통령의 탄핵을 봤으니 차기 정부는 재벌과 거리를 둘 확률이 높습니다. 그렇다고 해서 전반적인 부패나 유착, 비리 문제가 근절된 것이 아닙니다.
정치인은 물론 교육계, 군이나 사법 관계자의 도덕적 해이도 없애는 정책이 마련되어야 합니다. 그래서 고 비용의 정치구조를 바꿔야 한다고 말씀드린 겁니다. 사실 우리나라만큼 음성적 정치비용이 많이 드는 곳도 없습니다. 한국의 정치인들이 그 비용을 충당하기 위해서는 교도소 담장 위를 거니는 곡예를 연출할 수밖에 없습니다. 결국 정치인들의 부패를 방지하기 위해서는 음성적 정치비용을 없애는 제도적 장치를 마련해야 합니다. 그래야 재벌을 찾아갈 생각 자체를 하지 않을 수 있습니다.

김 음성적 정치비용이 많이 든다고 했는데 구체적으로 어떤 것이 있을까요?

홍 하나는 앞서서 말씀드린 소선거구제에서 중·대선거구제로의 변화이고, 다른 하나는 규제주의적 법 체계를 없애는 일입니다. 관료계의 부패가 심각한 이유는 빠져나갈 구멍이 있기 때문입니다. 저는 그것이 규제주의적(規制主義的) 문화라고 생각합니다. 대부분의 인·허가는 법령에 묶어놓고 특수한 경우에만 해결하는 규제주의는, 특혜의 소지를 안고 출발합니다. 또한 사후 감독의 경우 선별적으로 이루어질 수 있는 소지마저 있으니, 관료집단의 부패가 끊이지 않는 겁니다. 재량권 남용이 큰 불합리한 법령체계의 정비가 시급한 이유입니다.

김 폴리페서(Polifessor)에 대한 언급도 하셨습니다. 현실 정치에 참여하는 대학 교수들에게 학교로 돌아가라고 했는데, 부연 설명 부탁드리겠습니다.

홍 이명박과 박근혜 전 대통령이 대선을 할 때 1천 명의 교수진들이 있었습니다. 현재 문재인 후보 캠프에도 1천 명의 교수가 합류했다고 들었는데, 어차피 열 명 정도만 등용이 되고 나머지는 참여를 못하게 됩니다. 가능성도 희박한 현실 정치에 참여할 시간에 학교에 돌아가서 학생 지도에 힘써 주는 것이 낫습니다. 그게 대한민국 미래를 위해서도 바람직하다고 생각해서 폴리페서에 대한 언급을 한 것입니다.

김 정책은 이미 머릿속에 다 있다고 하셨는데, 그럼 전문가 자문은 필요할 때마다 받으실 계획인가요?

홍 조언이 필요하다면 분야별로 두세 명 정도에게 자문을 받을 것입니다. 이미 정책이 제 머릿속에 다 있어서 1천 명의 교수까지는 필요하지 않습니다.
저는 원내 대표와 당 대표를 하면서 나라 살림 경험은 물론, 국회의원 4선과 환경, 노동, 법사, 교육, 행자, 정보, 재경, 외통, 국방 등 열 곳이 넘는 상임위원회를 거치면서 국정 파악도 끝냈습니다. 제가 상임위원회를 두루 거쳤던 것은 국정을 두루두루 섭렵해 보고 싶었기 때문입니다. 특히 환노위원회에서 4년 동안 일하면서 환경과 노동 문제를 집중적으로 파고들었습니다. 노동 문제는 1974년 울산으로 이사를 간 뒤 관심사라서 두 번이나 노동법 개정안에 참여한 적도 있습니다.

보수의 미래

이익집단에서 이념집단으로

김　새누리당이 역사 속으로 사라졌습니다. 홍 지사님에게도 남다른 곳인데 아쉬운 면이 있을 것 같습니다.

홍　아쉬운 정도가 아니라 역사를 잃은 느낌입니다. 좋든 싫든 새누리당은 한국 정치사에 '커다란 축'을 담당했던 기둥이었습니다. 새누리당이 이념정당으로서 역할을 잘했더라면, 다른 역사가 만들어질 수도 있었을 텐데 많이 아쉽습니다.

김　이념정당과 이익정당에 대한 언급을 자주 하셨는데, 이 둘의 차이는 무엇인가요?

홍 희생정신입니다. 이념집단이라고 한다면 집단을 위해 개인이 희생할 줄도 알아야 합니다. 그러나 새누리당은 그런 모습을 보이지 않았습니다.

조금 더 구체적으로 들어가면, 지금까지 보수 정당은 '합리적 보수'라는 말을 자주 해 왔습니다. 합리적 보수란 안정 속에서 개혁을 추구하는 것을 말합니다. 진보 진영에서 매도하는 수구적 보수, 기득권 보수하고는 차원이 다릅니다. 그럼 '새누리당이 합리적 보수의 길을 걸었느냐?'라고 묻는다면 그렇지 못했습니다.

김 그래도 보수의 친정인데 박하게 평가하시는 건 아닌가요?

홍 최순실 사건이 아니더라도 그동안 새누리당이 국민의 신뢰를 잃은 선택을 많이 해 왔습니다. 국민은 안중에도 두지 않은 공천 문제만 봐도 그렇습니다. 민주당은 개혁공천을 한 반면, 새누리당의 경우 김무성 쪽은 국민공천을 내세워 기득권 공천을 주장했고, 친박 쪽은 자기세력공천을 밀어붙였습니다. 잡탕 식으로 공천한 결과 선거에서 참패하고 말았습니다. 이게 무슨 이념정당의 모습입니까?

정당은 이념적 가치를 중심으로 움직여야 합니다. 새누리당이 역사의 뒤안길로 사라지게 된 데는 이익집단의 성격이 강한 것도 무시할 수 없습니다. 부디 자유한국당은 합리적 보수를 표방하는 이념집단으로 바로 서길 바랍니다.

김   이념정당이 되기 위해서는 '정당의 미래'를 위해 개인이 희생할 줄도 알아야 한다고 했습니다. 하지만 최순실 게이트가 터지자 새누리당은 와해되는 모습을 보였습니다. 보수를 지지하는 국민들이 여기에 대한 실망감이 컸을 거라고 생각됩니다.

홍   그래서 제가 새누리당의 지도부들에게 '세월호 선장'같다는 쓴 소리를 남겼습니다. 침몰하는 배 위에서 자기만 살겠다고 몸부림치는 모습이 국민들에게 그대로 노출되었으니 안타까운 일입니다. 힘을 합쳐서 배의 균형을 잡는 모습은 온데간데없고, 혼자만 살기 위해 탈출하는 모습이 꼭 세월호 선장과 다를 바 없었습니다.

김   만약 지사님이 당원권을 정지당하지 않고, 새누리당 의원으로 있었다면 당을 어떻게 이끄셨겠습니까?

홍   도망가지는 않습니다. 그게 할 짓입니까? 사건이 터졌으면 당 내외에서 덕망 있는 분을 비상대책위원장으로 모셔와 친박, 비박 모두 참여하는 비상대책위원회를 열었을 겁니다. 설사 배가 침몰하더라도 함께 하는 모습을 국민에게 보여주는 게 이념정당으로서의 모습이 아닌가요?

새누리당이 박근혜 전 대통령의 사당이었습니까? 엄연히 새누리당은 한국보수정당의 본류였습니다. 박 대통령과 친박이 밉다는 이유로 너도 나도 뛰쳐나가는 건 올바르지 않습니다. 잘못된 것이 있으면 개혁하고 바로잡아야지, 누릴 것 다 누리고 자기가 있던 자리에 침 뱉고 돌아서는 작태로 뭘 하겠다는 겁니까? 이 모습을 국민들이 놓치지 않고 다 봤습니다. 다시는 세월호 선장 같은 행동이 반복되어서는 안 됩니다.

김 앞으로 한국의 보수 정당들이 지향해야 할 개혁의 방향이 있을까요?

홍 부패 문제, 대북 문제, 기득권 문제를 해소하는데 치중해야 합니다. 이런 문제들이 오래 전부터 한국 보수가 안고 있는 부정적 측면들이었습니다. 또한 정치의 본질이 '국민'이라는 사실을 인지하는 것도 중요합니다. 정치는 본질적으로 국민을 위해 존재하는 것입니다. 그런데 지금까지 여야 정치인들은 자신이 어느 계파에 속해야 국회의원을 할 수 있는지에만 초점을 맞춰왔습니다. 그러니 여야 각 당의 중심은 없고 계파만 남는 기형적 구조가 된 것입니다. 여야 의원들이 정치의 본질로 돌아가면 될 것을, 소계파의 이익에만 몰입하다보니 정치는 없고 당파만 난무하게 된 것입니다. 보수가 됐든 진보가 됐든 지금이 '한국 정치의 위기'라고 인식하고 있다면, 여기에서부터 혁신을 해 나가길 바랍니다.

경제민주화 바람에 대한 생각

김 오래전부터 김종인 전 비상대책위 대표는 경제민주화를 의제로 설정하여 피력해 왔습니다. 문재인 후보도 김종인 전 대표와 함께 하는 동안은 '김종인표 경제민주화'에 동의를 했었습니다. 그래서 국민들이 민주당 하면 '경제민주화'를 떠올립니다. 반면 자유한국당의 경제 정책 혹은 슬로건은 딱히 기억나는 것이 없습니다.

홍 그만큼 보수 진영이 '서민 경제'에 대해서는 골몰하지 않았다는 반증입니다. 기업의 지배구조개선과 공정거래에 초점을 맞춘 것이 소위 말하는 '김종인표 경제민주화입니다. 그러나 경제민주화는 헌법의 본질적 가치인 '자유주의적 시장 경제 질서'를 보완하는 개념이지 주개념이 아닙니다. 이건 오도입니다. 이것도 모르고 전 자유한국당의 몇몇 의원이 이 논리에 동조하여 당황스러웠습니다.

김 필요할 경우 좌파 정책도 쓸 수 있어야 한다고 하셨는데, 왜 자유한국당 의원들의 경제민주화 바람에 동참하는 것이 문제가 되는 겁니까?

홍 잘못된 길에 대한 동참이니까요. 민주당이 '지금 대한민국은 헬 조선이니 다 갈아엎어 경제민주화를 실현하자'라고 한다고 해서 보수도 쫓아가는 것은 말이 안 됩니다. 애초부터 경제민주화를 메인 개념으로 내세우는 것이 잘못입니다. 따라가더라도 그 길이 맞는지를 보고 가야지, 무조건 '이것이 바람이구나' 해서 동참하는 건 잘못된 일입니다.

김 구체적으로 무엇이 잘못되었다고 보시나요?

홍 경제민주화 쟁점만으로 한국사회에서 일어나는 모든 문제가 해결될 것처럼 대하는 자세가 바르지 않습니다. 좌파는 헌법 제119조 2항인 대한민국의 모든 정책을 경제민주화에 맞춰야 한다는 논리를 펼치고 있습니다. 그러나 대한민국 헌법은 119조 1항에 자유주의적 시장질서가 근본이라고 명시되어 있습니다. 경제민주화는 불평등이 심해질 때 보완적 의미로 주장하는 것이 맞습니다.

김 좌파가 주장하는 경제민주화가 선후가 바뀐 주장이라는 말씀인가요?

홍 네. 부칙을 원칙으로 알고 국민을 선동하는 건 바람직하지 않습니다. 원칙을 원칙으로 두고, 부칙을 부칙으로 두는 데는 그만한 이유가 있기 때문입니다. 다만, 양극화는 경제만이 아니라 사회의 전 방위로 문제를 양산하는 만큼, 보수 진영에서도 여기에 대한 대비책을 마련해야 합니다. 제 복지론도 여기에서 기인합니다. 복지는 단순히 평등하게 나눠주는 것이 아니라 서민이 다시 일어설 기회를 주는 것입니다. 계층 간 갈등이 깊어지기 전에 정부와 지자체는 복지정책과 교육지원을 서민층에 집중하여 '개천에서 용이 나오는 사회'를 만들어야 합니다.

김 지사님의 생각을 정리하면, 자유주의 시장 질서를 메인으로 두고, 경제민주화는 보조 개념으로 가는 것이 헌법상이나 현실적으로 바람직하다. 그러나 양극화 문제가 심각하므로, 현실에 맞는 정책을 보수 진영에서도 내야 한다. 이런 말씀인 거죠? 그리고 복지정책에 대해서는 추후 따로 물어보겠습니다.

신 보수주의 운동

김 이 담론을 진행하기에 앞서 보수와 우파가 같은 진영이라는 걸 공유하고 시작하겠습니다. 지사님이 우파를 더 선호하는 것은 알지만 대화의 맥락상 보수라는 말이 자연스러울 때가 있습니다. 그래서 이 둘을 혼용하겠습니다.

홍 알겠습니다.

김 본격적으로 들어가면 지금은 그 어느 때보다 보수의 위기, 우파의 위기라고 합니다. 지사님도 공감하십니까?

홍 보수의 위기라기보다 보수가 부끄럽게 됐습니다. 보수의 대표였던 분이 대통령을 했는데 그만 국민들 앞에서 부끄러운 모습을 보였습니다. 그래서 국민들에게 탄핵을 당하게 된 것입니다. 보수도 여기에 대해선 반성을 해야 합니다.

김 그래서 요즘 지사님께서 '신 보수주의 운동'을 피력하고 다니고 있군요.

홍 박 대통령 탄핵 이후 우파가 기를 펴지 못하고 있습니다. 또 이해가 됩니다. 그동안 국민들은 보수가 부패했지만 그래도 능력은 있다고 여겼습니다. 그런데 안을 들여다보니 유치원생보다 못한 수준으로 국정 운영을 하고 있었던 겁니다. 한마디로 능력마저 없는 보수가 된 것입니다. 저는 이번의 위기가 한국 보수에게 전화위복이 될 거라 믿습니다. 그래서 '우파의 단일화'를 외치고 다니는 겁니다. 모든 것이 까발려진 이상 숨길 것도, 지킬 것도 없으니 새로운 보수를 만들어 나가기에 최적의 타이밍입니다. 종래의 기득권 보수에서 벗어나 양극화 문제를 껴안고, 필요하면 진보주의 정책도 가져오는 신 보수를 만들어 국민적 신뢰를 쌓아나가고 싶습니다.

김 주로 보수를 지지하는 쪽이 기득권층이라는 사실은 알려져 있습니다. 그런데도 서민 위주로 정책을 펴게 되면 기득권층의 표심을 잃을 수도 있습니다. 국민을 지향해야 하나, 표심을 배제할 수 없는 것 또한 정치인의 숙명 아닌가요?

홍 그것이 바로 버려야 할 보수 마인드입니다. 우리는 보수, 진보, 우파, 좌파이기 전에 국민을 위해 일해야 할 일꾼입니다. 선거를 할 때야 진영 논리지, 일할 때는 진영에서 벗어나 국익만을 추구해야 합니다. 그래서 필요하면 좌파 정책이라도 가져와서 써야 한다고 하는 것입니다.

김 방금 지사님께서 이념보다 'Only 국익'이라고 하셨는데 국민들에게는 와 닿지 않을 수도 있습니다. 지금까지 보수는 '있는 자의 편'에 선 경우가 많았으니까요.

홍 고(故) 노무현 대통령이 '보수는 어떤 수식어를 붙여도 기득권 지키는 세력'이라는 말을 했는데 전적으로 동감합니다. 지금까지 보수는 여기에서 자유로웠던 적이 한 번도 없었으니까요. 이건 부정할 수 없습니다. 그럴 때마다 저는 '우리가 왜 재벌옹호 당이라는 비판을 들어야 하나'라는 자괴감 아닌 자괴감이 들었습니다. 이제는 기득권 보수, 수구적 보수(옛것만 지키는 보수)에서 벗어나 합리적 보수로 나아가야 합니다.

김 홍준표가 말하는 합리적 보수란 무엇인가요?

홍 제가 주장하는 합리적 보수란 부자와 빈자, 정치인과 국민 양쪽의 기득권을 보장해주는 것을 말합니다. 물론 서민을 부자와 동일한 수준으로 살게는 하지 못합니다. 그래도 '최소한의 권리는' 보장해 줘야 하며, 이것을 보수의 지향점으로 삼아야 합니다. 더 이상 수구적 보수로는 국민의 신뢰를 얻을 수 없습니다. 서민층의 기득권도 지켜주는 것. 이것이 보수가 실현해야 할 목표가 되어야 합니다. 지금까지 한국의 우파는 해방 이후부터 줄곧 대한민국 발전을 견인하고 이끌어 왔습니다. 이랬던 우파가 어느 순간부터 사회적 약자를 보호하는 데 소홀하기 시작하였습니다. 저는 여기에서부터 우파의 위기가 잉태되었다고 생각합니다.

김 사회적 약자, 서민층을 보호하는 책무는 여야를 막론하고 정치인이라면 꼭 짊어져야 합니다. 앞서서 필요할 경우, 반대편 정책도 사용해야 한다고 하셨습니다. 지사님께서는 좌파 정책을 펼친 적이 있으신가요?

홍 당연합니다. 한나라당 시절 '서민정책특별위원회 위원장'으로 있었습니다. 그때 보수의 탐욕을 거둬내는 프로젝트를 추진했는데, 반값 아파트 추진, 은행연합회와 협의하여 서민의 금리를 인하하는 햇살론 등을 도입했습니다. 이런 일을 하니 당에서는 '홍준표는 우파에 있으면서 왜 좌파 짓을 하느냐?'라는 욕을 많이 했습니다. 경남 지사가 되어서는 진주의료원 폐업, 선택적 무상 급식으로 전환하여 좌파로부터 맹공격을 받았습니다. 제가 정책을 선택하는 기준은 좌파냐 우파냐가 아닙니다. 국익입니다. 국익에 맞으면 좌파 정책도 할 수 있고, 우파 정책도 할 수 있습니다.

김 진보는 진보대로, 보수는 보수대로 각자의 자리에서 잘할 수 있는 정책을 펴고, 경우에 따라서는 반대편 정책도 수용하는 융통성을 발휘해 준다면 국민들도 국회를 신뢰하게 될 수 있습니다.

홍 그렇게 되도록 정치인들이 노력을 해야 합니다. 한 가지 덧붙이고 싶은 게 있습니다. 저는 진보의 미래가 보수라는 신념을 가지고 있습니다. 젊었을 때야 진보 진영에 서지만, 그들조차 나이가 들면 보수 진영으로 바뀝니다. 지켜야 할 것들이 있으니 '세상을 바꾸는 에너지'를 '지키는 에너지'로 전환하려고 들기 때문입니다. 노무현 정권을 열렬히 지지하던 386세대들이 지금은 어디에 가 있나요? 보수로 와 있습니다. 이건 역사적으로 증명된 사실이자 자연의 섭리입니다.

김 진보의 미래가 보수다. 굉장히 인상적인 문구입니다. 누구나 한 번은 '보수라는 문'을 통과한다는 의미네요.

홍 물론입니다. 진보에서 시작해 보수로 끝난다는 건, 죽기 전 그 사람의 정치 이념이 보수라는 걸 의미합니다. 보수로서 생을 마무리하게 되는 셈이죠. 이런 생애 관점에서도 올바른 보수의 모습을 만드는 일은 중요합니다. 그러니 보수 정치인들은 책임감을 갖고 합리적 보수를 만드는 데 힘을 기울여야 합니다. 만약 작년처럼 공천권 가지고 편이나 가르고, 도장을 들고 도망치는 일이 재현된다면 그땐 국민들이 좌시하지 않을 것입니다.

좌파와 우파, 색깔론의 중심에서

김　지사님은 여러 차례 본인은 보수나 진보보다 우파와 좌파로 이념을 구분하는 것을 선호한다고 밝혀 왔습니다. 이념을 구분하는 방법이나 기준은 개인차가 있기 마련인데, 지사님은 이념을 구분하는 기준이 따로 있으신가요?

홍　우파의 가치가 자유라면, 좌파의 가치는 평등입니다. 제가 이렇게 이야기 하니까 '우파의 자유는 무엇인가요?'라는 질문을 던지는 분이 있는데 최대한 시장 원리에 맡기고, 정부의 간섭을 배제하는 것을 말합니다. 먼저 이걸 인정하고 나서 파생되는 문제가 있으면 그때 적절히 대처를 해 나가면 됩니다. 그래서 전 국적법, 반값 아파트, 징벌적 손해배상제도 등 기득권의 과잉 권한은 제한하고, 서민을 보호하는 정책을 펼쳤습니다.

김　평소 좌파와 우파에 대한 언급을 자주 하는데, 그 자체만으로 지사님을 '색깔론이 강한 정치인'으로 여기는 이들이 있습니다. 사회통합이 중요한 현실에서 색깔론이 강한 이미지가 악영향을 끼친다는 생각은 안 해보셨나요?

홍 제가 무슨 사회를 분열시키기 위해, 혹은 '좌파는 다 잘못했고, 우파는 잘했다'를 강조하기 위해 언급한 것이 절대로 아닙니다. 안 그래도 오해를 많이 하는데 저는 좌파를 나쁘다고 한 적이 한 번도 없었습니다. 좌파든 우파든 거짓 선동을 한다면 그들이야말로 나쁜 사람입니다. 진모교수 같은 분은 당당한 좌파라고 밝혀 저는 그분을 좋아합니다. 좌파를 좌파라고 하는 것은 색깔론이 아니라 본질론입니다. 본질이 그렇다는데 제가 왜 비난을 합니까. 저는 좌파든 우파든 당당한 사람을 신뢰하고 좋아합니다.

또 기자들 중 '좌파'와 '좌익'을 혼돈하고 기사를 쓰는 경우가 많아 바로잡기 위해 언급한 적도 있었습니다. 기본적으로 한국에서 좌파와 좌익은 다른 개념입니다. 해방 직후에 쓰인 좌익과 노무현 정권 이후에 탄생한 좌파가 상이한 개념인데도, 기자들이 이 둘을 구분하지 않는 경향이 있습니다. 그 결과 좌파라는 말만 언급해도 색깔론자라고 규정짓습니다.

김 그러시군요. 알겠습니다. 바야흐로 스트롱맨 시대입니다. 중국의 시진핑, 일본의 아베, 미국의 트럼프, 러시아의 푸틴 누구 하나 쉬운 상대가 없습니다. 이런 강대국 사이에 놓인 한국은 외교가 중요할 수밖에 없습니다.

홍 그래서 제가 기회가 있을 때마다 중국의 시진핑과도 싸우고, 미국의 트럼프와도 싸우려면 한국에서도 우파 스트롱맨이 나와야 한다고 외쳤습니다. 우파 정권이 대세라면 그렇게 가는 이유가 있기 마련입니다.

바야흐로 세계 질서가 완전히 재편되고 있습니다. 세계인들이 어제 산 세상과 미래에 살게 될 세상 간의 격차로 인해 혼란을 겪고 있습니다. 분명 어제까지 통했는데 내일이 되니 통하지 않는 겁니다. 이런 과도기에는 자국 우선주의로 전열을 다져놓은 후 '달라지는 질서와 구조'에 적응을 하는 전략이 바람직합니다. 그래야만 혼란을 최소화하면서 변화를 수용해 나갈 수 있습니다. 괜히 미국이나 중국에서 우파 정권이 들어선 것이 아닙니다. 강대국들이 자국 우선주의를 내세우는 마당에, 한국에서만 좌파 정권이 들어선다는 건 국제 정세에 역행하는 일입니다. 염려스러운 일이 아닐 수 없습니다.

김 항간에는 지사님을 두고 '홍 트럼프'라고 합니다. 이 별명에 대해 들어보셨을 텐데 왜 사람들이 이런 별명을 붙여줬다고 생각하시나요?

홍 방향이 정해지면 앞뒤 가리지 않고 밀어붙이니까요. 저는 검사를 했을 때나 정치를 했을 때 정면 돌파형이었습니다. 손해를 보더라도 맞는 길이라고 생각하면 돌진합니다. 국민들이 이런 제 모습을 보고 '홍 트럼프'라고 생각하는 것 같습니다. 혹자는 독단적인 리더십이라고 하는데 동의하기 어렵습니다. 결단력 있는 리더십에 가깝습니다.

김 설사 지사님이 독단적인 리더십을 발휘한다고 해도 지금은 '부드러운 리더십'보다 강한 리더십이 필요한 때입니다. 1년 가까이 리더의 공백기가 있었고, 그러는 동안 대외적으로 많은 변화들이 있었습니다.

홍 현 시국 자체가 '부드러운 리더십'으로는 감당이 불가능합니다. 저는 아무런 결정도 내리지 않고 소통만 강조하는 리더를 '스타일리스트 정치인'이라고 부릅니다. 이들은 이미지 정치에만 몰두한 나머지 여론의 눈치를 살피고 욕먹는 일엔 나서지 않습니다. 이른바 총대를 메지 않습니다.

김 스타일리스트 정치인을 알아보는 안목의 기준이랄까, 이런 것을 따로 갖고 있나요?

홍 그들이 내세우는 명분이 두 개 있는데 그중 첫 번째가 소통입니다. 소통만 강조하다 자리에서 내려와도 언론이나 국민에게 욕을 먹지 않기 때문입니다. 두 번째로 내세우는 명분이 '빨리 가려면 혼자가고, 멀리 가려면 함께 가라'는 속담입니다. 그래서 그렇게 위원회만 잔뜩 만드나 봅니다. 무슨무슨 위원회가 우후죽순 느는데, 정치인은 위원회에서 내려지는 '딱 그 일만' 하고 임기를 마칩니다. 그래도 욕을 먹지 않으니 그렇게 일하는 겁니다.

김 대다수 국민들은 일도 추진력있게 잘 하면서 소통을 중시하는 리더를 선호합니다.

홍 소통의 리더십이 중요한 것은 맞으나 '무사안일주의 정치인'을 양산하는 '편의 도구'가 되는 것은 곤란합니다. 또 이제는 소통이 능사인 시대는 지나갔습니다. 정치적 결단이 없는 소통의 리더십만으로 국가적 난제를 풀 수 없는 만큼, 국민들이 이러한 후보는 걸러내 주셔야 합니다.

04

서민대통령, 홍준표
대한민국을 경영하다

••••
서민대통령, 홍준표

경제정책

홍준표의 재벌개혁안

홍 제가 주장하는 경제문제는 이렇습니다. 거시 경제 지표가 아주 좋아도 서민들은 살기 어렵습니다. 사회 양극화 때문입니다.

김 소득 분배가 제대로 되지 않는다는 건데, 더욱이 작년에 실시된 김영란 법으로 자영업자들의 고충이 늘었습니다.

홍 법의 취지에는 공감합니다. 하지만 현실에 적용하니 죽어나가는 건 서민들입니다. 기존의 식사는 3만 원, 선물은 5만 원, 축의금은 10만 원 정도로 상한선이 정해져 있는데 너무 타이트합니다. 식사 10, 선물 10, 축의금 5로 금액을 조정할 필요가 있습니다. 내수 경기 살리려고 임의로 '대체 공휴일'까지 만들지 않았습니까. 이런 마당에 상한 금액을 늘린다고 해서 김영란 법이 무너지거나 와해되지는 않습니다. 하지만 김영란 법이든 재벌 개혁이든 부패를 근절하고 신뢰를 회복하는 일이 경제성장의 본질이라는 시각엔 저도 동의합니다.

김 이번 최순실 국정농단 사태로, 국민들이 '재벌 총수의 청문회'를 실시간으로 봤습니다. 이재용의 구속과 삼성이나 SK 등의 전경련 탈퇴 등 그래도 가시적인 변화가 있었습니다. 홍 지사님은 재벌 개혁에 대해 어떤 입장을 갖고 계십니까?

홍 결론부터 전하면 재벌의 '나쁜 짓'은 책임을 묻되, 재벌 자체를 죄악시하는 문화는 경제 발전에 도움이 되지 않는다는 게 제 입장입니다.
2차 세계 대전 이후 일본에 상륙한 맥아더 군정이 최초에 한 일이 일본의 재벌 해체였습니다. 일본의 재벌들이 군수 산업 발전을 위해 군부와 짜고 대동아 전쟁을 일으켰기 때문에 전범처리 차원에서 일본 재벌의 해체를 시도한 거죠. 그러나 일본의 재벌은 되살아났고, 그 재벌들이 일본의 전후 경제성장의 주역이 되었습니다. 중국은 또 어떻습니까? 벌써 글로벌한 기업이 탄생하여 우리 기업을 위협하고 있지 않나요? 이런 환경에서 정치인이나 국민들의 '반 기업 정서'가 강해지는 건 옳지 않습니다. 탈세를 하거나 국민을 분노하게 만드는 재벌 2,3세의 탈선은 응징을 해야 합니다. 하지만 반 기업, 반 재벌을 부르짖으면서 일자리 창출을 바라는 건 모순입니다.

김 지난 자유한국당 경선토론회장에서 부자나 대기업의 재원을 거둬서 서민 복지를 늘리는 식의 '로빈훗 복지'에 대해 강하게 비판하셨습니다.

홍 로빈훗 복지란 세금 마차를 습격해 백성들에게 돌려주는 로빈훗의 행위를 가리키는 말입니다. 백성 입장에서 로빈훗은 영웅이겠으나 현실적으로 로빈훗은 영웅이 되기 어렵습니다. 부자나 대기업의 재원을 빼앗아 국민들에게 혜택이 돌아가도록 하면 당장은 좋겠지요. 그러나 지속성이 떨어집니다. 이러한 방법보다 10대 대기업의 해외 공장을 국내로 옮기도록 하는 것이 일자리 창출은 물론 지역 경제 활성화에 도움이 됩니다. 장기적으로 보자는 취지에서 그런 말씀을 드린 겁니다.

김 그러시군요. 신문을 보니 삼성전자가 초미세 공정 기술을 경쟁사보다 빨리 확보하기 위해 8조 원을 투입했다고 합니다. 시스템 반도체 생산 라인을 증설하기 위해서죠. 이렇게 되면 일자리도 더 많이 늘어날 수 있습니다.

홍 그렇게 기업들이 지속적으로 투자를 하고 미래 산업에 투자를 하도록 해줘야 합니다. 경남도는 '기업지원단'을 만들어 원스톱으로 기업의 애로사항을 해결하고, 법적으로 문제가 없는 선에서 규제를 풀어주고 있습니다. 이런 걸 중앙정부에서도 해야 합니다. 트럼프는 멕시코로 나간 미국의 공장들을 불러들이고 있습니다. 2천억 원의 정부무상 지원금, 재산세 감면, 공장부지 임대료 할인 혜택 등으로 제조업의 부활 정책을 쏟아 붓고 있습니다. 우리도 이렇게 해야 합니다. 법인세를 인하해서라도 제3국에 있는 현대차나 삼성전자를 불러들여야 합니다.

김 안 그래도 금호타이어가 중국에 매각된다는 일로 연일 시끄럽습니다. 금호타이어는 곡성, 광주, 평택에 공장이 있으며, 대략 4천 명의 직원들이 일하고 있습니다. 중국에 매각되면 이 일자리가 날아갈 위기에 직면해 있습니다.

홍 손학규, 안희정, 문재인 후보 모두 금호타이어 매각을 전면 반대하고 있습니다. 기술유출은 물론 지역 경제가 흔들리는 일입니다. 서울도 아닌 지방에 그만한 일자리를 창출하여 지역 경제에 이바지하는 기업이 자리 잡기까지 오랜 시간이 걸립니다. 지켜야 합니다. 그래야 지역 경제가 살아날 수 있습니다.

김 인공 지능, 사물 인터넷 등 4차 산업혁명의 시대가 도래하고 있습니다. 이처럼 IT나 4차 산업이 뜨는 반면, 제조업의 경시 풍조가 자리 잡고 있습니다. 하지만 아직까지 한국은 수출로 먹고 사는 나라인 만큼 제조업을 놓쳐서는 안 된다고 생각합니다.

홍 동감합니다. 4차 산업이 아니라 5차 산업이 뜨더라도 제조업을 놓쳐서는 안 됩니다. 예전부터 제조업이나 기술자를 천대한 나라치고 번영을 지속시킨 곳이 없었습니다. 미국과 독일은 기술자를 쳐준 반면 프랑스는 기술자를 천시하였습니다. 비교를 해 볼까요? 프랑스는 관광이나 명품이 연상되지만 독일하면 제조 기술이 연상됩니다. 독일의 벤츠와 프랑스의 샤넬 중 어느 기업이 고용 창출에 이바지 할까요? 당연히 전자입니다. 제조업이 버티고 있어줘야 4차 산업도 생기고, 미래 먹거리 산업도 생겨날 수 있습니다.

김 이제 대기업이 경제에 공헌을 하니 면죄부를 주자는 논리만으로는 국민의 공감을 얻기가 힘들어졌습니다. 지사님은 그래도 '친 기업 정책'을 펼치겠다는 건가요?

홍 죄를 지었다고 해서 기업 전체를 '악의 꽃'으로 대우할 필요는 없습니다. 만약 기업이 잘못을 저지르면 엄중하게 처리해야 합니다. 사면이나 가석방에 대해 이야기 해볼까요?
역대 정권마다 기업범죄사건을 사면, 복권, 가석방하면서 경제 살리기를 명분으로 내세워 왔습니다. 범죄를 저지르고 수형 중인 기업의 오너를 가석방 시키는 이유들을 보면, 그들이 나와야 투자결정이 원활하게 이뤄진다는 겁니다. 한국 재벌이라는 분의 기업소유지분은 5퍼센트도 채 되지 않습니다. 그들이 기업을 좌지우지 하는 것 자체가 비정상적인 구조입니다. 그 한사람이 그룹 전체의 투자결정을 한다는 건 이해가 되지 않습니다.
또 가석방은 통상 형기의 80퍼센트를 복역한 후에 심사하는 것이 관례입니다. 이 관례를 벗어나면 특혜가 됩니다. 법에는 형기의 1/3만 복역하면 가석방이 가능하도록 되어 있으나 일반인들에게 그렇게 시행한 전례가 거의 없었습니다. 재벌가의 가석방은 또 다른 특혜입니다. 저는 이런 법부터 바로 잡는 것이 재벌 개혁안보다 의미가 있다고 생각합니다.

일자리 창출은 기업이 하는 것

김 삼성의 이재용 구속과 관련하여 이런 기사들이 심심찮게 나오고 있습니다. 미국의 자동차 전장 업체인 하만을 9조 원 들여 인수했는데, 이재용이 없다보니 우려가 된다는 기사를 봤습니다.

홍 삼성은 세계에서도 인정받는 글로벌 기업입니다. 만약 이재용 부회장이 없어서 삼성의 의사결정에 문제가 생긴다고 한다면 삼성은 스스로 글로벌 기업이 아니라고 자인하는 것입니다. 만약 특별사면이 필요하다고 한다면 '국가적 목적'에 부합되는 활동을 해야만 할 때, 국민이 생각하기에도 저 사람이 감옥에 있는 것보다 국가의 이익을 위해 활동을 하는 것이 낫다고 판단했을 때 특별사면을 고려하는 것이 바람직합니다.

김 제가 알기론 이것 말고도 예전에 중소기업을 위한 법안을 만드신 걸로 압니다.

홍 네. 맞습니다. 가해자가 불법적인 행위를 통해 이익을 얻을 경우, 그 이익보다 큰 금액의 과징금을 부과하는 제도를 '징

벌적 손해배상'이라고 합니다. 우리나라에 이 제도가 없는 것으로 아는데 딱 하나의 예외가 존재합니다. 대기업이 중소기업의 기술을 빼앗았을 때 적용하는 경우가 그렇습니다. 제가 대기업의 그릇된 관행을 깨기 위해 법안으로 만들었습니다. 이런 대기업의 횡포는 묵인해서는 안 됩니다. 그럼 건강한 경제 질서가 확립되지 않을뿐더러, 중소기업이 기술 개발에 대해 소극적이 될 수밖에 없습니다. 이건 대기업에게도 좋은 일이 아닙니다.

김 기업이 일자리를 만들면 일자리 문제가 해결될 수 있다고 인터뷰 때마다 전하셨는데요. 여기에 대한 부연 설명 부탁드리겠습니다.

홍 연봉 1억 원이 넘는 강성 귀족노조와 진보라는 가면에 숨어 대립을 부추기는 좌파세력이 국내 기업을 해외로 내몰고 있습니다. 대기업이 사내유보금은 쌓여있는데 투자를 하지 않고 있습니다. 투자를 해서 시설을 증설하고 교육을 해봤자 노조가 생기고, 악성 노조들이 오너를 욕하는 현실이라면, 굳이 국내에 투자할 필요가 있겠냐는 겁니다. 그래서 해외 투자만 늘리는 겁니다. 기업이 투자를 할 수 있는 여건을 마련해주고 의욕이 나도록 해줘야 합니다. 기업(규제)을 풀어주고 투자할 자리를 마련해주면 일자리는 늘어날 수밖에 없습니다. 기업만 살려주면 되는데 왜 그걸 모르는지 이해가 되지 않습니다.

김 더는 대기업의 낙수효과를 기대하지 않는다, 그래봤자 대기업에 갈 인원은 정해져있다는 식으로 불신을 나타내는 청년 구직자들도 적지 않습니다. 그래도 '일자리 창출'을 정부가 아닌 기업이 이끌어야 한다고 생각하시나요?

홍 저는 정부 주도하에 공공부문 일자리 81만 개, 민간부문에서는 50만 개, 총 131만 개의 일자리를 창출하겠다는 문재인 후보의 공약은 믿지 않습니다. 세금만 나눠먹는 정책이지, 그게 어떻게 일자리 창출 정책인가요? 툭 까놓고 이야기 하면, 이게 그리스가 망한 길이었습니다. 그리스는 해운 강국이면서도 강성 노조가 무서워 조선소 하나가 없었습니다. 아무리 정보산업의 시대라 해도 제조업만큼 일자리를 창출하는 산업이 없습니다. 현대차와 카카오톡만 놓고 비교해 봐도 알 수 있습니다. 그리스는 10명 중 4명이 공무원이니 '공무원의 나라'인 셈이죠. 그럼 그 정도로 공공일자리가 필요하냐? 그렇지 않습니다. 한 사람이 해야 할 일을 네 사람이 하도록 만들어 놨으니 국가 부도 사태가 난 겁니다. 일자리는 기업이 만드는 것이지, 정부가 만드는 것은 한계가 있다고 생각합니다. 저는 대통령이 되면 공무원 감축 등 사회 전반의 구조조정을 강행할 것입니다.

김 공무원만 바라보는 젊은이들이 많이 실망하겠네요. 그럼 지사님은 청년들이 어디에 취업을 해야 한다고 보시나요?

홍 산업의 역군이 되어주면 좋겠습니다. 사실 많이 미안합니다. 1990년대 초반만 해도 대학만 졸업하면 열 곳이 넘는 추천서를 받았습니다. 그러나 지금은 수 백군데 넣어도 취업이 되지 않습니다. 한여름 밤의 꿈이 되어버렸습니다.
해외에 나가있는 한국 기업이 1만 2천 개에 달합니다. 이게 적은 숫자입니까? 그렇지 않습니다. 제조업만 해도 5천 8백 곳에 현지 채용 인력이 무려 286만 명입니다. 이 중 10% 공장만 국내로 돌아와도 29만 개의 일자리가 창출됩니다. 다른 나라들은 기업을 유치하기 위해 총성 없는 전쟁을 하고 있는데, 우리는 거꾸로 가고 있습니다. 한시라도 이런 기업들을 국내로 불러들여 청년들의 일자리를 많이 만들어야 합니다.

김 경남에서도 많은 경제 관련 정책을 펼친 것으로 압니다. 실효성 있는 정책이라고 생각되는 정책이 있으면 몇 가지 소개 좀 부탁드리겠습니다.

홍 경남도지사로 있는 동안 '경남 형 기업트랙'이란 제도를 만들어 실행하였습니다. 한마디로 대학 입학 후 미리 인턴으로 들어가서 졸업과 동시에 해당 기업에 취업하는 프로그램입니다. 대학에서 공부하여 기업에 취업하는 방식이 아니라 이 순서를 바꿔서 진행함으로써 '대학공부와 기업 실무 간의 갭을' 줄이는 효과를 낳았습니다. 실제로 조사한 결과 이전보다 3.1배나 높은 취업률을 보였습니다. 기업이 참여하는 '맞춤 교육 제도'를 전국적으로 확대할 필요가 있습니다. 또한 청년들의 해외취업을 높이기 위한 해외트랙 제도를 시행하고 있습니다. 해외로 진출한 도내 기업에 50명의 인턴을 선발하여 보내는 방식입니다. 일종의 '해외 청년 인턴제'라고 생각하면 됩니다. 이런 제도를 자꾸 시행해보고 적용시켜 좋은 사례들을 만들어 고용절벽의 시대를 준비해야 합니다.

김 일자리 문제에 대해 한 가지 질문을 더 드리겠습니다. 비정규직 문제도 일자리 문제에선 상당히 중요한데요. 이 문제는 어떻게 접근하실 계획입니까?

홍 기업들이 왜 정규직 직원을 늘리는 데에 몸을 사리느냐? 이 부분을 파고들어야 정규직, 비정규직 문제를 해결할 수 있습니다. 저는 기업이 '노동의 유연성'을 갖도록 해야 정규직 채용이 늘어날 거라고 전망합니다. 한 사람을 정규직으로 채용하는 순간, 기업은 그 직원이 잘못을 저질러도 마음대로 해고를 할 수 없습니다. 여기서 말하는 해고란 불합리한 해고가 아닌 보편타당한 범위에서 이뤄지는 합리적인 해고를 의미합니다. 기업 입장에서는 이런 문제를 껴안느니, 그냥 비정규직으로 채용하자는 식이 될 수밖에 없는 겁니다.

한진해운 사태를 통해 본 경제정책

김 일자리 창출을 위해 기업과 정부가 해야 할 역할이 무엇인지 구체적으로 말씀해 줄 수 있으신가요?

홍 새만금 방조제를 예를 들어보겠습니다. 지난 3월 새만금 방조제를 방문한 적이 있었습니다. 저는 그곳이 4차 산업혁명의 전진기지가 될 수 있다고 보는데, 그렇게 되기 위해서는 항공 수출이 가능해야 합니다. 새만금 항공 활주로를 2.8km

에서 3.8km로까지 늘려야 합니다. 그래야 대형 수송기의 이착륙이 가능해지기 때문입니다. 여기서 기업이 해야 할 역할은 자신들이 갖고 있는 200조 이상의 유보금 중 일부를 이 사업에 투자하는 겁니다. 그렇게만 된다면 굳이 매립비용을 외국에서 당겨오지 않아도 됩니다. 정부가 해야 할 역할은 새만금 방조제가 지역과 한국의 경제 활성화에 기여를 할 수 있도록 모든 규제를 풀어주는 일입니다.

김 새롭게 사업을 개발하고 확장하는 것도 유의미하지만 한진해운 사태나 금호타이어의 중국 매각처럼 기존의 기업이 사라지지 않도록 하는 것이 더 중요합니다. 특히 한진해운 사태는 한국의 해운업에 치명타를 남기고 사라졌습니다.

홍 경영자 리스크가 얼마나 중요한지 알 수 있도록 해 준 게 한진해운 사태입니다. 기업이 해야 할 역할은 뭐니 뭐니 해도 경영을 잘하는 일입니다. 40년간 공들여 키운 기업이 사라지는 데 불과 1년도 채 걸리지 않았습니다. 얼마나 많은 일자리가 사라졌습니까?

김 지금 해운업과 조선업이 위기에 처해 있습니다. 가까스로 대우조선의 정상화 방안이 진행되었습니다.

홍 한진해운 사태를 '단일한 해운사의 비운'으로만 여기는 자세는 위험합니다. 한진해운은 우리나라 수출업체의 경쟁력 제고와 수입 원자재의 공급차원에서도 역할을 해 온 기간산업입니다. 큰 손실이 아닐 수 없습니다. 그럼 왜 한진해운이 무너졌느냐? 아시다시피 최은영 회장이 경영을 잘못했기 때문입니다. 해운 산업은 부침이 심한 산업이라 면밀하게 접근을 했어야 했는데 그러질 못한 겁니다.

한진 해운은 비싼 임대 선박을 장기간 용선해 왔습니다. 그런데 2008년 이후 수요가 급락하자 그것이 시황 하락으로 이어졌고, 선박은 가만히 있어도 손실만 일으키는 애물단지가 되고 말았습니다. 기업인이 경영을 잘하는게 쉬운 일이 아닙니다. 그러니 정부는 기업이 경영을 잘할 수 있는 환경을 조성함으로써 역량을 극대화 해줘야 합니다. 불필요한 규제라도 없애줘야 글로벌 경쟁에서 경쟁력을 강화할 수 있습니다.

김 한진 사태가 또 다시 일어나지 않도록 정부는 규제 완화 외에 어떤 역할을 해야 하나요?

홍 한진해운 사태를 타산지석으로 삼아야 합니다. 반드시 하나라도 배워서 재발이 되지 않도록 정책을 펴야 합니다. 이렇게 말하면 '또 소 잃고 외양간 고치냐?'라고 하는 사람도 있을 것입니다. 소를 한 번 잃고 외양간을 고치는 것은 괜찮습니다. 한진 해운이 어렵게 된 데는 정부와 금융당국의 이해 부족도 큰 몫을 했습니다. 해운 금융, 즉 선박 금융은 일반 금융과 차이가 큽니다. 경기가 나쁠 때는 저가의 선박을 사 놓고 경기가 좋을 때는 사둔 선박을 가지고 수익을 창출하는 '역 방향의 금융흐름'을 갖고 있습니다. 해외에서는 이러한 흐름을 이해하고 공공기관이 주도를 하고 있습니다. 그러나 한국은 타산업과 동일하게 부채비율을 적용시키고 있습니다. 즉, 경기가 좋을 때는 선박 발주를 허락하고 나쁠 때는 선박 매각을 강요하는 역방향 정책을 펼치는 겁니다. 이것이 바로 잡히지 않으면 한진해운 사태는 또 다시 일어날 수 있습니다.

김 해운업의 특수성을 고려한 금융정책 마련이 시급하겠군요.

홍 획일적인 금융정책이 아닌, 별도로 선박분야 정책금융을 마련하고 이를 위한 선박금융기관 설립도 추진하는 방향이 좋습니다. 이러한 금융을 기반으로 해운, 조선, 철강의 선순환 성장 고리를 만들어 나가도록 정책을 펼쳐야 합니다. 이로 인해 침체기에 접어든 우리나라의 해운 산업에 성장 동력을 세우고, 대규모의 고용창출로 연결할 수 있어야 합니다.

김 전화위복이라고 하지 않습니까? 해운산업은 한때 우리나라 외화가득 산업 중 4위(현재 6위, 반도체, 석유제품, 철강, 자동차, 조선 다음), 서비스업으로는 1위를 구가한 산업입니다. 지금 한진해운만이 아니라 한국의 해운업 자체가 위기에 빠졌습니다. 해운업에 맞는 금융 정책 마련만이 아닌, 이참에 해운업의 성장을 극대화하는 '빅 전략'을 세우는 것도 바람직해 보입니다.

홍 대란대치, 크게 어지럽혀야 크게 다스릴 수 있다는 의미로, 제 국정 운영의 슬로건이기도 합니다. '크게 어지럽힌다.'는 것은 '관행이 아닌 창의적으로 문제를 풀어나간다'는 뜻입니다. 대란대치가 기업 경영에도 적용될 수 있습니다.

가장 먼저 글로벌 경제와 산업 환경의 변화를 눈여겨 볼 필요가 있습니다. 신속한 배송을 요구하는 상황에서 이를 맞추기 위한 물류업체와 유통업체의 대응이 빠르게 변화하는 중입니다. 이러한 흐름에서 해운기업이 해운만 하는 것은 시대에 뒤처지는 일입니다. 항만, 항공, 육상물류, 유통까지 아우르는 종합 물류기업으로 성장하는 전략만이 생존 방법이라고 생각합니다. 나아가 알리바바나 아마존 같은 전자상거래 기업으로도 진화할 필요가 있습니다. 이러한 측면에서 우리나라 해운기업을 포함한 물류기업들의 종합물류기업화를 위한 지원책을 펼치는 것이 중요합니다.

세계화와 한국의 미래 경쟁력

김 만약 해운사가 종합 물류기업으로 성장하거나 전자상거래까지 진출하게 되면, '고급 일자리'가 많이 생겨날 수 있습니다. 지사님 의견을 들으니 '제조업 + 창의성' 공식으로 가는 것이야말로 경제위기를 극복하는 방법이 될 것 같습니다.

홍 한진해운을 '해운업'이라는 카테고리에만 두면 해결책은 뻔합니다. 해운업이 호황기라면 상관없지만 지금은 불황이지 않습니까? 그러니 좁은 생각에서 벗어나 이전과 다른 차원으로 생각을 키워야 할 때입니다. 현재 한국 산업은 지금까지 사용한 방법과 패러다임으로 갈 수 있는 마지막 단계에 와 있습니다. 언제까지 한강의 기적에만 기대어 막연한 성장만 지향할 겁니까. 기존의 틀에서 벗어나 글로벌 기업과 경쟁할 준비를 해나가야 합니다.

김 많은 분들이 한국경제가 힘들어진 데는 남들이 만든 것만 따라하느라, 세계가 원하는 제품 설계나 생태계 조성을 하지 못했기 때문이라고 합니다. 중국이나 인도, 베트남에서도 우리가 만드는 수준으로 제품을 만드니 굳이 'Made In Korea'

를 고집할 이유가 없는 겁니다. 그렇다면 그들이 만들 수 없는 콘텐츠나 플랫폼을 만들어야 확실하게 차별화를 꾀하여 경쟁력을 가질 수 있다고 생각합니다.

홍 일리 있는 지적입니다. 미국의 애플은 생태계를 만들지만, 삼성은 제품을 잘 만든다는 카피를 본 기억이 납니다. 뼈아픈 말이 아닐 수 없습니다.
외형적으로는 선진국 수준으로 경제 규모를 키웠을지는 모르나, 막상 안을 들여다보면 '외형에 비례한 내적 성장'이 전혀 이뤄지지 않았습니다. 저는 이런 한국 경제를 두고, 몸은 어른이지만 마음은 아이가 사는 '어른아이'에 빗대어 '어른아이 경제'라고 하고 싶습니다. 이제 한국도 이전에는 없는 아이디어나 제품, 마켓을 조성하는 역량을 키워야 합니다. 물론 외형 경제도 흔들리고 있는 만큼, 우선은 여기에 초점을 맞춰야 할 것입니다. 동시에 시행착오를 용인하는 문화, 새로운 비즈니스 모델에 대한 열린 자세, 미래 산업을 설계하는 '내적 성장'은 중장기적으로 접근하는 것이 바람직합니다. 특히 이 부분은 교육 정책과도 맞물려야 하니 시간이 필요합니다.

김 특히 한국 경제는 대외수출의존도가 높은 나라입니다. 내수 경기가 좋지 않아 수출로 먹고 사는데 한국 기업들이 '세계적인 경쟁력'을 갖추지 못하면 경기 전망은 더 어두울 것으로 보입니다.

홍 한국은 해외통상 의존률이 70%가 넘는 국가입니다. 20%인 일본과 비교를 해 봐도 해외통상 의존도가 높다는 것을 알 수 있습니다. 이 말은 무역이 막히면 한국 경제는 치명상을 입음은 물론, 반 강제적으로 세계화에 노출될 수밖에 없다는 것을 의미합니다. 기술이든, 인적자원이든, 제품이든 '글로벌 경쟁력'을 갖추지 못하면 한국 경제는 미래를 장담할 수 없습니다. 그렇기 때문에 중소기업으로 경제 구조를 개편 해야 합니다. 그래야만 업종의 다양화, 전문화, 세계화가 쉽게 이루어질 수 있습니다. 대기업이 골목상권을 침해하거나 기술을 빼돌리는 식으로 중소기업의 경쟁력을 무력화하는 것은, 윤리 문제를 넘어 국가 경쟁력을 갉아먹는 짓입니다. 바야흐로 '성장이냐 분배냐' 이런 논쟁보다 산업의 파이를 키워서 각자 나눠 먹는 '조각의 크기'를 키우는 쪽으로 경제 전략을 짜야 합니다.

김 자, 그럼 홍준표의 경제정책을 한 번 정리해 주고, 다음 이야기로 넘어가 볼까요?

홍 종합하면 일자리 창출을 가장 많이 하는 제조업을 집중 육성하고, 그 일환으로 해외에 있는 국내 기업을 불러들이는 기업유인책을 펴야 합니다. 단, 경영에 유리한 환경은 조성하되 재벌이라도 위법을 저지르면 '법대로' 처분을 받도록 해야 합니다.

또, 지금까지 한국 경제는 선진국의 기술이나 생태계를 따라 하느라 내부 역량을 계발하지 못한 측면이 있었습니다. 이제는 '남 따라 하기 식', '누가 빨리 만드느냐'로는 성장을 도모하는 데 한계치에 온 만큼, 시간을 갖고 산업에서도 한류가 일도록 패러다임을 전환해야 합니다. 그러기 위해서는 실패할 기회, 창조적인 역량이 누적되는 시간이 필요한데 이건 교육과 맞물려야 하니 '중장기 플랜'으로 접근하는 게 맞습니다. 4차 산업혁명이니 뭐니 해서 창의력조차 당장 따야 할 자격증으로 취급하는 데 그건 아무짝에도 쓸모없습니다.

외교정책

미국의 흐름이 택한 트럼프, 그래서 중요한 핵 균형론

김 한국 외교에서 빼놓을 수 없는 이가 있다면 트럼프 대통령입니다. 지사님은 미국의 트럼프 대통령을 어떻게 보시나요? 차기 정권에서는 '미국의 트럼프'를 상대해야 하는데, 대선 후보로 나선 만큼 트럼프에 대한 지사님의 생각이 궁금합니다.

홍 미국의 트럼프를 두고, 한국 언론은 막말을 일삼는 정치인이라고 비난합니다. 그러나 편향된 시각으로 보는 것은 좋지 않습니다. 트럼프를 다르게 봐야만 우리가 대처 가능한 카드를 마련해 둘 수 있습니다.

미국의 트럼프, 또 필리핀의 두테르테 모두 '막말로 유명한 리더'입니다. 이들은 자기나라가 처한 위기와 국민의 불만을 '대중의 언어'로 표현하는 것뿐입니다. 이것을 두고 막말이라고 단정하는 순간, 그들의 말에 담긴 '또 다른 진실'을 놓칠 우려가 큽니다. 어찌됐든 한국은 미국과 함께 가야 합니다. 그럼 '트럼프는 막말만 하는 사람'이라고 생각해서 좋을 것이 없습니다.

또한 위선과 가식에 젖은 기존 정치인의 언어와 다르게 말을 한다고 해서 품위가 없다고 하는 건 위선에 불과합니다. 미국의 신 고립주의는 누가 대통령이 되더라도 피할 수 없는 대세였습니다. 이에 대한 대비를 해야 하는 게 우리에게 훨씬 이득입니다.

김 트럼프가 왜 이 시국에 등장하여 미국의 대통령으로까지 당선되었는지 보는 것도 미국을 이해하는 중요한 일인 것 같습니다.

홍 뭣보다 우리는 이미 트럼프처럼 사업가 출신의 대통령을 경험한 바 있습니다. 이명박 전 대통령이 사업가 출신 아닙니까. MB는 좌파냐, 우파냐를 가려가면서 국정 운영을 하지 않았습니다. 실용주의로 포장이 됐지만 사실상 장사 속으로 나라를 운영한 것입니다. 처음부터 끝까지 국익만 추구한 사업가 대통령이었어요. 트럼프도 그런 측면에서 보면 비교적 쉽게 답이 나올 것입니다. 너무 걱정만 하는 것도 능사가 아닙니다.

김 한국뿐 아니라 트럼프의 정치력에 대해선 우방국들도 신경을 곤두세우고 있습니다.

홍 자본주의와 공산주의가 대립하던 시절, 미국은 공산주의를 봉쇄하기 위해서라도 세계 경찰로서의 역할을 맡아야 했습니다. 그래서 세계 각지에 미군 사령부를 두고 우방을 지키는데 엄청난 예산을 쏟아 부은 겁니다. 하지만 이제는 공산주의가 사라진 시대잖아요. 이런 상황에서 '미국이 계속해서 그러한 역할을 할 필요가 있느냐?'라는 질문이 고개를 든 것입니다. 지금은 국지적인 테러와의 전쟁시대입니다. 그렇다면 여기에 맞게 국내외 정책을 바꾸는 것이 맞지 않느냐가 트럼프와 그를 대통령으로 선출한 미국 민의 생각입니다. 이렇게 보면 트럼프가 시도하는 변화들은 미국의 신고립주의, 국수주의로만 볼 것도 아닙니다.

김 미국이라는 나라가 국내외 정치적으로 변화를 꾀할 수밖에 없었다는 설명이시군요.

홍 그렇습니다. 철저히 미국 국익의 문제로 보입니다. 북한의 핵 문제도 테러와의 전쟁 차원에서 보는 것이지 자본주의, 공산주의 대립 차원에서 보는 것이 아닙니다.

김 지사님 지적대로라면, 트럼프 대통령만이 아니더라도, 미국의 주류 흐름들이 그렇게 달라질 것으로 예상됩니다. 그렇다면 우리도 이에 대응한 대북 전략을 세워야하지 않을까요?

홍 우리에게 북핵은 언제나 중요한 문제였습니다. 제일 급한 건 비대칭전력인 북핵 문제입니다. 북이 자발적으로 핵 폐기 하는 것을 기대할 수 없다면, 미국의 양해 하에 핵개발을 하던지 미군의 전술핵을 한반도에 재배치하는 것을 고려해야 합니다.

김 문재인 후보가 대통령이 되면 '북한부터 달려가겠다.'고 했습니다. 지난 10년 간 북한에 대한 강경책으로 일관한 이명박, 박근혜 정권이 '북한문제'를 해결하지 못했다는 뜻이 함의되어 있는 주장인데요.

홍 김대중, 노무현 대통령이 집권하는 기간 동안 대북지원금은 추산으로 수십억 불이라는 보도가 있었습니다. 그때 우리는 그 돈이 핵개발로 전용될 거라고 했을 때 DJ는 그것은 낭설이며, 북은 핵 개발을 할 의사도 능력도 없다고 대응했습니다. 심지어 책임진다는 말까지 한 것으로 기억합니다. 그런데 어땠습니까? 북한의 핵 공갈로 돌아오지 않았나요? 그런데도 또 다시 북한과 대화를 하고 협상을 하겠다는 겁니까?

김 지난 10년 동안 북한에 대한 강경책만 써서 한국만 왕따가 되었다는 입장도 일리가 있습니다. 북한과의 협상을 바라는 국민들도 분명히 존재합니다.

홍 김 교수 말대로, 문재인 후보는 북한에게 결재를 받으러 가겠다고 했습니다. 이건 국민이 원하는 바가 아닙니다. 북한이 돈 한 푼 받지 않고 무언가를 하려고 하지 않을 것이 자명하기 때문입니다. 과거 6자 회담이 진행되는 동안 남북 관계나 북핵 중 변화를 이룬 것이 있었나요? 단 1도 없었습니다.

김 6자 회담에 북한의 고위직이 참석하지 않아 진척이 더뎠다는 평가도 있었습니다. 그 자리에서 의사결정을 내려야 하는데 그럴 수 있는 북측 인사가 참여하지 않은 거지요.

홍 협상 테이블이라고 하면 각자 주는 게 있어야 받는 것도 있는데 북한은 어느 것도 양보할 생각이 없었습니다. 그래도 우리는 개성 공단이나 금강산 관광처럼 북한에게 최선을 다 했습니다. 그런데 돌아온 게 뭐였나요? 북핵의 고도화였습니다. 국민이 다 아는 사실입니다. 그래서 제가 외교론 대신 핵 균형론을 주장하는 것입니다. 그래야만 북핵을 저지할 수 있습니다. 기본적으로 핵을 가진 나라끼리는 전쟁을 할 수 없습니다. 서로 망한다는 것을 잘 알기 때문입니다. 2차 세계 대전 이후 재래전인 국지전을 **빼고** 세계대전이 사라진 게 다 핵무기 덕분입니다. 사드는 대륙간 탄도탄에 대응하는 방어용무기이지, 근본적인 핵 문제 해결책은 아닙니다.

선 군사 균형, 후 협상 재개

김 핵 균형론까지 전하는 것을 보면, 그만큼 남북 관계가 수위를 넘어선 '긴장 관계'에 다다랐다고 판단해서 인가요?

홍 저는 국회에서 근무하는 동안 북핵을 다루는 정보위, 국방위, 외통 위에 수년간 일했습니다. 북핵을 다루면서 늘 딜레마에 빠진 점이 '평화냐 전쟁이냐' 하는 이분법에 빠져 국민을 선동하는 좌파의 행보였습니다. 북핵 문제를 평화냐 전쟁이냐 차원에서만 봐서는 안 됩니다. 이보다 더 큰 차원인 국민의 생명과 재산 보호의 문제로 봐야 적정한 대책을 찾을 수 있습니다. 지난해 한국으로 망명한 태영호 전 영국 주재 북한대사관 공사도 '북한이 남한을 공격하지 않을 것이라는 건 순진한 발상'이라고 하지 않았나요? 그는 남한의 선제공격 의지까지 보여 달라고 했습니다.

김 '한국도 핵을 갖자'라는 주장에 공감이 가면서도, 또 한편으로는 조심스럽습니다. 우리가 핵을 갖는 것을 북한만이 아니라, 주변국에서도 좋아하지 않을 수도 있습니다.

홍 오해를 하면 안 되는 것이 저는 핵 무장론이 아닌 핵 균형론을 주장하는 겁니다. 그리고 주변국이 한국을 대신해서 지켜주나요? 그렇지 않습니다. 그래서도 안 되고요. 남한은 재래식 무기, 북한은 핵무기 이건 누가 봐도 군사적인 불균형입니다. 이 자체만으로도 문제가 되는 만큼 균형을 잡자는 겁니다.

김 그럼 방식은 어떤 식으로 진행이 되나요?

홍 신정부가 출범하면 미국과 '핵무기 공유 협정'을 맺어 전술핵무기 재배치를 진행시키면 됩니다. 나토(NATO)의 5개국(벨기에, 독일, 이탈리아, 네델란드, 터키)은 이미 미국의 전술핵무기를 자국에 배치하였으며, 사용권을 미국과 공유하고 있습니다. 우리도 이런 형태로 가면 됩니다.

사실 20년 전 한반도에는 미군의 전술핵무기가 있었습니다. 당시 한반도에 전술핵무기가 배치되는 건 중국과 러시아를 자극하는 일이었고, 마침 소련의 해체와 중국과 미국의 화해 모드로 전환되면서 한반도에서 전술핵무기가 철수하게 되었습니다. 그러나 이제는 환경이 달라졌습니다. 수소폭탄에 대륙간탄도미사일(ICBM)까지 개발하겠다는 북의 도발이 극에 달한 상황에서 우리가 가만히 있는 건 말이 안 됩니다. 미군의 전술핵 재배치는 중국과 러시아가 아닌, 북의 핵을 견제하기 위한 불가피한 선택입니다.

김 이전에도 정치권에서 핵 재배치 주장이 힘을 받았던 적이 있던 것으로 압니다.

홍 그렇습니다. 김종인 전 대표가 전술핵 재배치를 검토해야 한다고 했으며, 새누리당의 중진 의원님들도 동의하였습니다. 핵확산금지(NPT) 규약 10조에는 자위를 위해서 탈퇴하는 것은 자국의 권리라고 천명하고 있습니다. 그래서 인도와 파키스탄도 그 과정을 거쳐 핵 개발을 단행한 겁니다. 우리나라 역시 핵 개발에 필요한 플루토늄은 충분히 가지고 있습니다. 트럼프도 한국의 핵무장을 동의하고 있는 지금이 최적의 타이밍입니다. 그러니 실효성 없는 6자 회담과 한반도 비핵화에만 매달리기보다 한반도 핵 균형 정책으로 과감히 전환을 해나가야 합니다.

김 현실적으로 불가능하겠으나 말이 나온 김에 짚고 넘어갈 필요는 있을 것 같습니다. 핵 균형이 아닌 '한국도 아예 핵을 만들어서 보유하자'라는 여론에 대해서는 어떠신가요?

홍 그건 비현실적이라고 생각합니다. 일본은 수만 톤의 플루토늄을 보유하고 있어 미국의 동의만 있으면 6개월 내에 수천 개의 핵을 만들 능력이 있습니다. 인공위성 발사까지 했었으니 대륙간 탄도탄도 충분히 만들 수 있습니다. 대한민국도 마찬가지입니다. 미국의 동의만 있으면 바로 핵 개발에 들어갈 수 있습니다. 그러나 이렇게 되면 동북아는 핵 도미노 현상으로, 세계의 화약고가 되고 맙니다. 이것은 중국, 러시아는 물론 미국도 원하는 그림이 아닙니다. 자기네는 핵을 보유해도 되지만 다른 나라는 안 된다는 것이 강대국의 논리니까요. 그래서 핵 확산금지조약을 체결하고, 한국과 같은 나라를 자신들의 핵우산 아래로 두려고 하는 겁니다.

김 그래서 핵 무장론보다 핵 균형론을 견지하신 거군요.

홍 한국 입장에서는 북한과의 관계만이 아니라 미국이나 중국과도의 관계도 중요하니까요. 핵 보유국이 되자는 주장이 맞기는 하나, 그에 따르는 국제적인 제재와 고립을 피할 수 없는 만큼, 미국의 핵우산으로 들어가는 선택이 가장 이상적으로 보입니다.

김 핵 균형론은 곧 한국의 국방력 강화가 목적입니다. 핵 균형 외에도, 북한의 핵미사일 위협과 군사적 도발에 효과적으로 대응하기 위한 국방력 증진 방안이 있을까요?

홍 현재 한국의 국방은 육군·해군·공군 총 3군 체제로 되어 있습니다. 저는 여기에 해병특수전사령부를 하나 더 마련하여 제4군 체제로 만들 것입니다.

김 해병특수전사령부는 해병대와 특전사령부를 통합한 형태로 이해하면 되나요?

홍 그렇습니다. 해병특수전사령부는 방어 위주의 국방정책에서 공세 위주의 국방정책으로의 전환을 의미합니다. 북한은 이미 특수 8군단에서 특수 11군단으로 군사력 확충을 끝낸 상태입니다. 20만 명의 정예 병사들이 훈련을 받고 있으며, 당장 내일 남한에 들어와 후방 침투를 하거나 요인 암살을 해도 전혀 이상할 것이 없습니다. 해병특수전사령부는 여기에 효과적으로 대응하기 위한 병력입니다. 특전사는 북한의 후방을 교란하는 부대로, 해병대는 북한의 상륙 부대로 키울 계획입니다.

김 핵 균형론이 됐든, 군 체제 확충이 됐든 국민들의 여론도 중요합니다. 북한과 협상을 재개하기를 바라는 국민도 있는데 이들을 어떻게 설득해 나갈 생각이십니까?

홍 북한의 의도에 대해 국민들에게 알릴 것입니다. 북한이 미국 본토에 도달 가능한 대륙간탄도미사일을 개발하는 이유는 미국을 공격하기 위함이 아닙니다. 남침 때 미국의 개입을 막는 지렛대로 활용하기 위해서죠. 미국 협박용으로 대륙간탄도미사일을 만든 겁니다.

김 북한은 사전 경험이 있습니다. 6.25전쟁 시 미국의 개입으로

패전한 트라우마 탓에 미국을 주시할 수밖에 없습니다.

홍 맞습니다. 북한으로서는 적화통일의 최대 장애물로 한미동맹을 꼽습니다. 북한은 한국 내 종북 세력을 조종해 반미 활동을 전개토록 하고 있습니다. 또 대륙간탄도미사일을 통해 남침 시 미국의 개입을 막음으로써 한반도 적화통일을 완수할 플랜이 서 있는 국가입니다.
국가보안법철폐, 주한미군철수, 제주강정마을 해군기지 건설 반대 등, 반미, 반전 활동이 북의 책략에 부합한 결과입니다. 그런데도 우리는 안이하게 대응한 측면이 많습니다. 제가 이렇게 전하면 색깔론이라고 공격하는 분들도 있을 겁니다. 그래도 이야기를 하는 것이 맞습니다. 질타가 두려워 진실을 말하지 못하면 그 사람은 정치를 해서는 안 됩니다.

김 북한 문제를 접근하는 데 있어 언론의 역할도 중요할 것 같습니다. 국민들은 언론을 통해서 관련 정보를 접할 수밖에 없으니까요.

홍 그래서 저는 언론이 다양하게 북한 문제를 보도해 주기를 바랍니다. 남북문제를 냉철한 시각으로 보지 않고 한민족이라는 시선으로만 보는 건 시대착오적 보도입니다. 국민들이 다양한 관점에서 북핵 문제를 보고, 거기에 맞는 정책을 정부에게 요구할 수 있게끔 해주는 것이 언론의 역할입니다. 감정적 접근만으로 북한 문제는 해결될 수 없습니다.

사드 배치와 중국의 경제보복

김 사드 배치로 인한 중국내 반한 감정이 극대화되었습니다. 제주 공항은 물론 명동이나 국내 면세점에서 중국인들이 싹 사라졌는데요. 이런 점을 보면 중국이 아직도 공산주의 체제임을 실감하게 됩니다. 북핵 문제에 접근하기 위해서는 외교력도 중요합니다. 사드배치만으로도 중국이 이렇게 나오는데 우리가 핵 균형론을 주장하면, 상황이 악화될 것이 뻔하지 않을까요. 지사님의 생각은 어떠십니까?

홍 저는 중국을 대범한 나라로 알고 있었는데, 이번에 하는 것을 보고 놀랐습니다. 중국은 북핵을 억제하거나 아니면 북한 정권을 통제했어야 합니다. 자기들이 해야 할 역할을 안 하고 반대만 하는 것은 이치상 맞지도 않고, 설득력도 없습니다. 저는 북핵 사태에 대한 중국의 책임 있는 행동을 요구함은 물론, 이번 중국의 보복에도 단호하게 대처를 할 것입니다. 중국의 눈치만 보다 상황이 악화되기 전에 미군의 전술핵무기 재배치를 추진해야 합니다.

김　사드는 말 그대로 방어체계입니다. 공격을 목적으로 한 배치가 아닌데 중국이 유난히 민감하게 반응을 보입니다. 그 이유가 뭐라고 생각하시나요?

홍　중국이 한국을 속국으로 안다, 중국이 내정 간섭을 하는 것을 보니 한국도 본 떼를 보여야 한다 등 '반중 정서'가 고개를 드는 것으로 압니다. 맞는 말입니다. 그러나 감정적으로 해결하는 건 국익에 도움이 되지 않습니다. 저도 '중국이 왜 이렇게 사드 배치에 민감한가?'에 대하여 생각을 정리해 보았습니다.
미국의 케네디 대통령이 핵전쟁을 각오하고 소련의 쿠바 미사일 배치를 막은 일이 있었습니다. 왜 그랬을까요? 미국의 목구멍에 공격용 미사일이 배치되는 일이기 때문입니다. 당연히 미국으로서는 참을 수 없는 안보 위기로 받아들여졌을 겁니다. 그러나 사드는 공격용 무기가 아니라 핵미사일을 방어하는 무기입니다. 둘은 상황 자체가 다릅니다. 한쪽은 공격용 무기 배치고, 우리는 방어용 무기 배치니까요.

그런데도 중국이 과하게 대응하는 데는 중요한 이유가 있기 때문입니다. 중국의 아시아, 아프리카, 유럽을 잇는 신 실크로드 전략에 방해가 되고, 무엇보다 일본, 필리핀, 베트남, 파키스탄, 인도를 잇는 미국의 대 중국 봉쇄 정책 및 충돌 지점에 사드가 놓이게 됩니다. 이것이 중국이 사드 문제를 양보할 수 없는 이유일 겁니다.

김 그렇군요. 한국 입장에서는 사드 배치가 '남북한만의 문제'지만 중국에게는 구사하는 여러 정책과 민감한 국제관계와 맞물린 결정이군요.

홍 그렇습니다. 그러나 그건 중국 입장이고, 우리로서는 중국이 북핵 폐기에 강력한 영향력을 행사하지 않는 한 애치슨라인(Acheson line, 미국의 극동 방위선. 한국이 이 방위선에서 제외되어 6.25전쟁이 터짐. 이 일로 미국이 방위선 안에 다시 한국을 포함시킴)의 뼈아픈 경험 때문에라도 사드 배치를 해야 합니다. 정치권뿐만 아니라 국민들에게도 사드 배치에 대한 설명이 충분히 전달이 되었으면 좋겠습니다.

김 지금 사드 배치로 인해 빚어진 일련의 문제들이 '한국과 중국의 문제'가 아닌 '미국과 중국 사이에 낀 한국의 문제'라고 본다면 우리는 어느 쪽에 서야 할까요?

홍 강대국들 간의 아시아 패권주의에서 기인한 시각인데, 만약 그렇다면 이렇게 보면 됩니다. 중국과의 문제가 '먹고 사는 문제'라면, 미국과의 문제는 '죽고 사는 문제'입니다. 이 둘 중 무엇을 우선순위에 둘지는 자명합니다. 죽고 사는 문제부터 해결하고, 먹고 사는 문제를 해결하는 것이 맞습니다.

김 박근혜 전 대통령이 성급하게 사드 배치 문제를 결정하여 중국이 더 반발을 했다는 여론이 있습니다. 우리가 사드 배치를 하든, 핵 균형론을 하든, 중국과 부딪힐 일이 많아질 것 같습니다. 어떻게 중국과의 외교를 펼치는 것이 국익에 도움이 될까요?

홍 박근혜 정부가 중국을 설득하는 작업을 했어야 했습니다. 이런 점에서 정부의 미온한 대처가 아쉽습니다. 하지만 중국의 사드 보복으로 피해를 보는 건 한국만이 아니라는 사실을 알아야 합니다. 국제 관계라는 것이 일방적인 수혜자와 기증자로 나누어지지 않습니다. 서로 주고받는 것이 있으니 '미워도 다시 한 번'이 되는 겁니다.

김 현재 중국 내에서도 자국의 옹졸한 처사에 대한 반성의 목소리가 나오고 있습니다.

홍 중국도 한국을 잃어서 좋을 것이 없습니다. 지금 중국이 한국에게 가하는 경제제재를 보면 관광 산업과 소비재가 메인입니다. 한국에게 중국이 교역 대상국 1위지만, 중국 역시 한국이 교역 대상국 3위입니다. 그럼 중국은 주로 한국에서 무엇을 수입해 가느냐? 바로 중간재입니다. 중간재란 어떤 제품을 생산하는 과정에서 쓰이는 원료나 부속품을 이야기합니다. 가령, 중국 화웨이에서 생산하는 핸드폰은 삼성의 부품 없이는 만들 수 없습니다. 시진핑이 마음만 먹으면 이 중간재도 얼마든지 손댈 수 있습니다. 그런데 관광과 소비재 위주로 경제제재를 가하는 것은 그들 역시 잃을 것이 있다는 사실을 알고 있기 때문입니다.

김 중국의 강경파들은 이 중간재까지 수입을 금하고, 100% 자국의 부품으로 교체를 해야 한다는 목소리를 내고 있습니다.

홍 만약, 중국이 경제 보복을 타 업종으로까지 확산하거나 지속한다면 한국은 투자처를 동남아로 옮기거나 중국 내에 있는 기업 철수를 감행시켜야 합니다. 당장 롯데가 피해를 보고 있지 않습니까? 인도만 해도 인구가 12억이고, 동남아도 투자할 곳이 많습니다. 그러니 경제적인 피해를 이유로 중국에 전전긍긍할 필요가 전혀 없습니다. 오히려 저 자세를 보이면 중국은 할 일을 했다는 식으로 나올 겁니다. 단호하게 대처를 해나가야 합니다.

남북통일과 일본의 위안부 합의

김 홍준표의 대북정책을 한마디로 정의한다면 어떻게 정의를 내릴 수 있을까요?

홍 대북교류정책입니다. 북한과 협상이나 교류를 하는 것도 좋지만 김대중·노무현 정부처럼 북핵을 지원 정책엔 반대입니다. 당연히 개성공단이나 금강산 관광이 재기되는 일도 없을 것입니다. 재기가 되더라도 북핵 문제가 해결되어야 합니다. '선 북핵 중단, 후 지원'입니다. 대신, 우리가 지원하는 쪽은 북한 주민이어야 합니다. 북한 주민의 인권 향상에 대한 지원은 필요해 보입니다. 만약 홍준표 식 대북정책을 묻는다면

'대북교류정책 정도로 하는 편이 타당하지 않나'라고 생각합니다.

김 남북통일에 대해 묻지 않을 수 없을 것 같습니다.

홍 저는 통일시대로 가기 전에 '선진강국 시대'가 먼저 와야 한다는 입장입니다. 1991년 통일시대를 이룬 독일만 봐도 배울 점이 많습니다. 통일 이후 독일 정부는 동독 재건을 위해 20년 동안 100조 씩 쏟아 부었습니다. 그럼에도 동독이 서독의 경제 수준에 1:1이 되지 못하고 있습니다. 통일 이전 서독과 동독의 경제력 차는 4배였는데, 이것이 통화 정책의 실패 원인으로 작용했다고 합니다. 우리가 통일을 한다고 가정해 보면 쉽게 이해가 될 것입니다. 북한의 화폐 가치와 남한의 화폐 가치가 동일하지 않을 것은 뻔하지 않습니까? 그런데 남북한은 경제력 차가 무려 40배 차이입니다. 추상적으로 '남북한의 경제력 차이'를 생각해서는 안 됩니다. 그래서 저는 남한의 선진국 진입을 이룬 뒤에 통일을 하는 것이 낫다고 생각합니다.

김 일본과의 위안부 합의 문제도 차기 정권이 풀어야 할 외교 과제 중 하나입니다. 국민정서 상 '위안부 합의'를 받아들이

지 못하고 있는데 여기에 대해선 어떤 생각입니까?

홍 한일 위안부 합의는 무효입니다. 《역사란 무엇인가》라는 책만 봐도 모든 역사가에게 공통적이고, 기본적으로 알려진 사실(fact)란 것이 있는데, 그것이 역사의 뼈대라고 했습니다. 누가 뼈대를 바꾼단 말입니까? 10억 엔이 아니라 10조 엔을 준다 해도 위안부 문제는 거래할 수 없는 가슴 아픈 뼈대의 역사입니다. 애초부터 위안부는 합의의 대상이 아니라 우리가 영원히 기억해야 할 역사라는 사실입니다. 차기 주자는 반드시 수렴해야 할 것입니다. 그래서 제가 대선 출마를 할 때 국가의 품격과 국민의 자존심을 지킬 수 있는 '당당한 대통령'이 되겠다고 선언한 것입니다.

김 "세계적으로 우파 스트롱맨이 대세다, 한국에서는 나만큼 트럼프, 시진핑, 아베와 대적할 수 있는 리더가 없다"는 말씀을 하셨습니다. "내가 싸움을 제일 잘 한다"는 식으로 말도 했는데, 항간에는 홍준표가 당선되면 분쟁만 일으킬 거라는 목소리도 있습니다.

홍 제가 파이터가 되겠다고 한 것은 국익에 도움이 된다는 전제하에서 적극적으로 움직이겠다는 의지의 표현입니다. 가만 보면 한국은 외교 문제를 '친미냐, 반미냐'라며 이분법으로 가르는 경향이 있습니다. 지금 우리가 미국만 상대해야 하나요? 중국이 더 난리를 치고 있는 상황이잖아요. 무엇보다 저는 미국은 물론, 필요에 따라서는 중국, 일본, 미국, 러시아, EU까지 '미국과 동등한 가치'를 두고 외교 전략을 수립하겠다는 플랜이 있습니다.

김 발을 더 넓히게 되면 외교 문제가 더 복잡해질 수 있습니다.

홍 그래서 제가 파이터가 되겠다고 말씀드린 겁니다. 당장 우리가 미국과 조금만 친하게 지내도 무슨 상황이 벌어지나요? 모르긴 몰라도 일본이 '우리가 더 친미국가'라며 움직일 것이고, 중국은 '한국, 너네 가만 안 둬'라며 협박을 해 올 것입니다. 이런 상황에서 만약 한국이 유럽이나 러시아까지 손을 내밀면, 미국을 포함한 우방국들이 우리를 괴롭힐 것입니다. 그렇게 되면 저는 당당하게 대처를 해 나갈 자신이 있습니다. 이런 의미에서 '싸움을 잘 한다'라고 전한 것입니다.

복지정책

선심성 복지에서 재정적 복지로

김 무상급식 문제와 진주의료원 폐업 문제로 언론의 중심에 선 적이 있었습니다. 특히 무상 급식 문제는 경남의 문제였음에도 전국적인 관심을 불러왔습니다.

홍 무상급식에 대해 한 가지 일러주고 싶은 사실이 있습니다. 처음엔 무상급식 예산이 연간 7백억 이상이었습니다. 단 100만 원의 예산에 대해서도 감사를 받아서, 저희가 전교조 출신의 교육감에게 7백억 원에 대한 감사를 받으라고 하였습니다. 그런데 교육감이 이를 거부하면서 사건의 발단이 된 것입니다.

김 7백억이면 상당한 금액인데, 그래서 최종적으로 감사를 받았나요?

홍 네 합의를 해서 받았습니다. 관련 절차를 제대로 밟아서 감사한 결과 2백 가지가 넘는 항목에서 미흡한 점이 발견되었습니다. 그래서 제가 "아이들 밥과 관련한 예산인데 왜 이렇게 중간에 돈이 비냐? 똑바로 집행하지 않으면 조치를 취하겠다"고 한 타이밍에 좌파 측에서 이야기를 공론화한 것입니다.

김 그런 일이 있었군요. 그래서 지사님은 무상급식을 반대하는 입장으로 알고 있습니다. 나중엔 이 일과 관련하여 '좌파정치의 위선'이라고 몰아세운 것으로 아는데 배경에 대해 들어볼 수 있을까요?

홍 네. 저는 무상급식을 반대했습니다. 좌파가 원하는 보편적 복지(모든 아이들에게 무상급식 제공)에 동의할 수 없기 때문입니다. 제 복지 정책의 기본 방향은 부자에게는 자유를 주고 서민에게는 기회를 주는 것입니다. 한정된 예산을 정책의 우선순위에 따라 배정해야 하는 상황에서 서민을 위한 정책을 '먼저' 펼치는 것이 '홍준표 식 서민복지'입니다. 그런 의미에서 보편적 복지를 주장하는 진보 좌파는 위선입니다. 제가 주장하는 선별복지가 '선 서민, 후 부자'인데, 정작 좌파들은 제가 펼치는 정책마다 반대를 했습니다. 늘 서민들을 위한다고 외치면서 정작 복지 재원을 서민에게 집중하는 것에 왜 반대를 하나요? 이게 위선이지 아니고 뭡니까? 아니면 홍준표가 하니까 무조건 반대를 하는 건가요? 이 역시 서민을 위한 정책 결정은 아니라고 봅니다.

김 그것과 연장해서 질문을 하면 '보편적 복지냐? 선별적 복지냐?'는 늘 뜨거운 쟁점이었습니다. 좌파가 보편적 복지를 내세운 데도 일리는 있습니다. '세금을 많이 내는 부자들에게 혜택을 주는 게 뭐가 어떠냐? 그들 역시 대한민국 국민이다.' 이런 주장도 타당성이 있다고 보는데 어떠신가요?

홍 갈수록 빈부격차가 커지는 대한민국에서 서민복지정책은 시급한 현안입니다. 자유가 복지인 부자들에게 서민과 동등하게 분배가 되는 것은 세금 낭비입니다. 부유층 일부에서 보육비 20만 원이 지급되는 날 명품계가 유행한다고 합니다. 그 돈을 한사람에게 몰아주어 명품을 사도록 하는 계라고 합니다. 저는 명품 계에 쓰이는 20만 원을 서민층에게 몰아준다면 큰 도움이 될 거라고 생각합니다. 명품 계는 없어도 되지만, 생계는 기본이니까요. 복지 정책의 실효성은 돈이 필요한 계층에 집중적으로 쓰이는 데에 있습니다. 그래야만 한국사회 빈부 갈등을 해소하는 데 조금이나마 도움이 될 수 있습니다.

김 명품 계는 하나의 예에 불과합니다. 과도한 일반화일 수도 있습니다.

홍 비유를 해서 명품 계라고 한 것입니다, 부자들에게 20만 원은 없어도 되는 돈이지만, 서민층에게는 큰 금액이 될 수 있습니다.

김 지사님의 복지와 관련한 글을 읽다 보면 '재정적 관점'이 상당히 많이 나옵니다.

홍 많은 사람들이 복지 문제를 가지고 '선별적 복지냐? 아니면 보편적 복지냐?'로 구분 짓는 것 같습니다. 하지만 저는 세금을 가지고 정책을 펼치는 사람이라면 제일 먼저 '재정적인 관점'에서 복지 문제를 봐야 한다고 생각합니다. 북유럽 국가들처럼 우리가 부러워하는 복지 선진국들은 공통점이 있습니다. 바로 국민이 부담하는 세금과 복지 수준을 연동하는 데 성공했다는 점입니다. 들어오는 세금과 나가는 세금 간의 균형이 잘 맞았고, 거기에 따른 사회적 합의도 원활히 이뤄져 '요람에서 무덤까지'가 가능한 것입니다. 그런데 한국 상황이 어떻습니까? '세금을 더 내란 소리냐?'가 아닙니다. 선심성 복지를 펼치는 일보다 '재정상의 책임'이 따르는 복지를 펼치는 것이 중요하다는 것을 말씀드리는 겁니다.

김 대한민국이 '부채의 나라'라는 것은 일반 국민들도 어느 정도는 알고 있습니다.

홍 어느 정도가 아니라 확실하게 알아야 합니다. 국가, 가정, 기업의 부채를 합치면 5천 조가 넘습니다. 대한민국 국민은 태어날 때부터 1억씩 빚을 지고 있는 겁니다. 그런데도 좌파 정치인들은 빚을 내서라도 무상복지를 하려고 했습니다. 선심 정책이 도를 넘었다고 생각해 '위선'이라고 한 것입니다. 선거를 위해서라면 국가재정상황이야 어떻게 돼도 인심이나 쓰고 보자는 정치인들이 진짜 국민을 위한다고 생각하지 않습니다. 또 한 가지 덧붙이자면, 일반 기업이 빚을 내어 투자를 하고 이익을 내면 그때 그 빚은 '착한 빚'이 됩니다. 하지만 행정기관은 사기업과는 다릅니다. 빚이 있으면 미래투자나 정말 중요한 곳에 예산을 사용할 수 없게 됩니다.

김 선별적 복지냐, 보편적 복지냐에 앞서서 '재정적인 관점'에서 복지 문제를 바라봐야 한다는 말씀이군요.

홍 그렇습니다. 선출된 지방자치단체장들의 선심행정과 재정악화로 전국에 있는 지자체 중 76곳이 파산상태에 있습니다. 경남은 18개의 시·군 중 절반이나 재정자립도가 10퍼센트 미만이었습니다. 이 아홉 곳은 자체적으로 공무원 인건비조차 충당하지 못하고 있었어요.

김 10퍼센트 미만이면 상당히 재정자립도가 떨어진 상태군요.

홍 그것이 문제가 아니었습니다. 경남의 빚이 1조 3,500억 원에 달하였습니다. 그러나 2016년 5월 31부로 채무 제로를 달성하였습니다. 3년 6개월 동안 행정, 재정, 예산 개혁을 통해 땅 한 평 팔지 않고 1조가 넘는 채무를 갚은 결과였습니다.
현재 한국의 국가 채무와 공기업 채무가 얼마인 줄 아십니까? 2천조 원입니다. 개인 채무 역시 1천조가 넘습니다. 나라를 운영하는 1년 예산이 400조인데, 이 어마어마한 채무를 어떻게 하려고 하는지 모르겠습니다. 그런데도 무상복지, 보편적 복지를 해야 한다고 하니 답답할 노릇입니다.

홍준표의 서민복지론을 듣다

김 아동, 노인, 빈곤층 등 실질적으로 복지가 필요한 서민층에게만 제공하는 게 '서민복지의 방향'이라는 것은 잘 알겠습니다. 이른 바 '자격 있는 빈자(deserving poor)'에게만 복지를 줘야한다는 논리인데, 그렇다면 왜 아이들이 대상이 되는 무상급식을 폐지하신 겁니까?

홍 1993년 초·중·고 학생들이 880만 명이었습니다. 당시 지방교육재정 교부금이 6조 2천억 원이었는데, 그로부터 20년이 지난 지금, 초·중·고 학생들이 240만 명이나 줄었습니다. 그런데도 교육재정보증금은 7배나 늘어 41조 원이나 됐습니다. 좌파 교육감들이 주도한 무상파티로 학업향상과 학교시설개선에 들어가는 예산은 줄었는데, 무상예산만 급증한 것입니다. 이게 말이나 되는 이야기입니까? 아이들이 다니는 학교가 '정치의 장', '특정 세력의 해방구'가 된 것입니다. 교육 현장도 정치투쟁의 장으로 활용하는 그들을 보면서 과연 복지의 의미가 무엇인지 묻고 싶습니다.

김 방금 복지 문제를 '정치 이슈'로 가져가는 건 곤란하다고 하셨습니다. 2010년 지방 선거에서 '무상 복지'를 아젠다로 삼은 진보가 성공을 거두었지만, 2012년에 치러진 선거에서는 웅대한 무상복지를 내세웠음에도 패배하였습니다. 국민들이 '무상 복지의 한계'를 인식한 결과가 아니었을까요?

홍 무상복지 파장의 실상을 국민들이 모를 리 없습니다. 무상급식과 관련한 여론 조사를 본 적이 있습니다. 결과를 보면서 '깨어있는 국민들이 많구나' 하는 희망을 보았습니다. 급식이라도 공짜는 안 된다는 여론이 60%가 넘었습니다. 무상급식비를 가난한 집 아이들의 교육비로 지원하는 정책이 그렇게 나쁜 건가요? 교육의 양극화는 거기서 끝나는 것이 아니라 이후의 많은 격차를 만들어냅니다. 이런 점에서 무상급식보다 훨씬 중요한 문제입니다. 무엇보다 학교는 공부하러 가는 곳이지, 밥을 먹으러 가는 곳이 아닙니다.

김 사실 정치권에게 복지 담론은 유권자를 매혹시킬 매력적인 아젠다입니다.

홍 그렇습니다. 무상급식이라고 하니 아이들 밥그릇을 운운하며 감성적으로만 접근하는 사람들이 있습니다. 무상급식은 그렇게 감성적이거나 단순하게만 볼 문제가 아닙니다. 지난

2010년부터 한국은 복지담론, 복지정치라는 말이 나올 만큼 '복지열풍'이 강하게 불었습니다. 지방선거에서 야당이 무상급식을 내세워 홈런을 날렸는가 하면, 오세훈 전 서울시장이 무상급식을 물렀다 '애들 밥그릇에 시장 직을 걸었다'는 욕을 먹으며 낙마를 당했습니다. 정치에서도 복지 공약에 따라 승자와 패자가 갈릴 만큼 복지는 한국 사회의 중요한 담론이 되었습니다. 그래서 복지 문제를 다각도에서 바라볼 필요가 있습니다.

김 뭐 복지는 우리나라만의 문제는 아닌 것 같습니다. 지난해 스위스에서는 '국민기본소득 300만 원 보장'과 관련한 투표에서 스위스 국민 중 77%나 반대하여 부결되었습니다.

홍 스위스 국민은 현명한 선택을 한 것입니다. 반면 그리스는 과도한 채무로 인해 국가부도위기까지 갔다 최근 가까스로 위기에서 벗어났습니다. 영국은 역시 앞으로 5년 간 21조의 복지비용을 축소한다고 발표하였습니다. 우리도 여기에 맞춰야 합니다.

김 무상급식비로 들어갈 예산을 저소득층 가정의 교육비로 쓰셨다는 말씀인데, 실효성 측면에서 효과가 있었나요?

홍 저희 경남은 '서민자녀 4단계 교육지원 사업'을 순차적으로 시행하고 있습니다. 특히 1단계가 초·등·고 학력향상을 지원하는 데 예산이 쓰입니다. 책을 하나 사서 읽고 싶어도 부모님의 지갑을 생각해 참는 아이들이 있습니다. 준비물 살 돈이 없어서 매일 옆 반에 가서 빌려 쓰는 아이들도 있습니다. 이걸 보고 어떤 분들은 '책이 뭐라고?', '준비물 좀 빌려 쓰면 어떻느냐고?' 할 수도 있겠으나, 아이들에겐 그게 돈 없는 서러움이고 상처입니다. 왜 아이들이 공부를 하면서 가슴을 조마조마해야 합니까? 준비물이 없으면 아이들은 종일 불안합니다. 그래서 '교육 바우처'라는 제도를 만들었습니다.

김 교육 바우처라고 하면 일정한 한도 내에서 학습과 관련한 소비를 할 수 있도록 하는 것인가요?

홍 초등학생은 40, 중학생은 50, 고등학생은 60만 원씩 지급하는 '여민동락 교육복지카드'를 지급하는 것을 말합니다. 또 특성화고 학생들은 기능 향상을 위해 학원을 다녀야 하는 만큼 이 학원들을 가맹점으로 늘려 혜택을 보도록 했습니다.
매일 같이 신문에서 보지 않습니까? 서울 부유층과 일반 서민층의 교육비가 무려 9배나 차이가 난다고. 이걸 보완하는 것이 정치인들이 해야 할 역할입니다. 어떻게 보면 이 정책은 전형적인 좌파 정책입니다. 그런데도 왜 좌파 교육감들이 반대를 하는지 모르겠습니다.

김 가만 보니 지사님은 '선택과 집중 복지'를 지향하는 것 같습니다. 돈이 많다면 아이들에게 무상으로 밥도 먹이고 공부도 시키겠지만, 예산이 한정되어 있는 만큼 '우선순위'를 만들어 예산을 집행하는 것이 중요할 것 같습니다.

홍 제가 공부에 대한 한이 많아서 그런 것도 있습니다. 가난이 자동차나 명품에 관여되면 상처가 덜하지만 '어릴 적 공부'에 관여되면 평생을 갑니다. 저는 초등학교 때부터 세상이 불공평하다고 생각했습니다. 어려운 형편으로 다섯 번이나 전학을 다니면서, 또 대학 시절 서울 생활이 힘들어 세상이 뒤집어졌으면 좋겠다고 생각했습니다. 초임검사 때도 그 생각은 유효했습니다. 그러나 내 자식이 태어나면서 생각이 달라졌습니다. 서러움이나 증오심만으로 세상을 바꿀 수 없다. 증오는 마음만 황폐하게 할뿐 내가 무엇인가를 만들어 가는 데 도움이 되지 않는다. 증오보다 열정이 세상을 더 좋게 만든다는 사실을 아버지가 되고서야 알았습니다. 제가 경남도지사로 있는 동안 '아이들의 공부'만큼은 챙겨주고 싶은 생각을 가진 것도, 제 삶을 관통하는 통각(痛覺, 고통스러운 감정이 따르는 감각)에서 기인했기 때문일 겁니다.

김 그래서 해외연수며 서울로 유학가는 대학생들을 위해 강남에 기숙사를 지으신 건가요? 제가 대학에 있다 보니 이런 정책들이 눈에 들어왔습니다.

홍 영어가 중요하다는 사실은 모두가 공감합니다. 하지만 있는 집 자녀가 아니면 해외 연수는 엄두고 못내는 것이 현실입니다. 그래서 시범적으로 50명 정도의 서민층 자녀를 선발, 여름방학 때 어학연수의 기회를 주려고 합니다. 미국 동부 지역과 중국 북경의 명문 대학과 협약을 체결하여 올해 처음으로 한 달 동안 실시를 하게 됩니다. 개인적으로 큰 기대를 하고 있는 제도입니다. 그리고 서울 강남에 재경기숙사 남명학사를 짓고 있습니다. 대략 사업비만 347억이 들었는데 2018년 신학기부터 운영이 될 수 있도록 박차를 가하고 있습니다. 집이 서울인 친구들은 주거비용이 들지 않으니 그 돈으로 자기계발을 할 수 있지만, 지방이 집인 친구들은 월세와 생활비가 만만치 않습니다. 그렇다고 좋은 방을 얻을 수 있는 것도 아닙니다. 주거 환경이 열악하다보니 커피숍이 활황이라는 뉴스의 이면을 정치인들이 직시를 해야 합니다.

김 서울로 유학 가는 도민의 대학생을 위한 기숙사 건립은 다른 지역에서도 해주면 좋을 것 같습니다. 계속해서 궁금한 내용인데요. 부자들에게는 '자유를 누릴 수 있는 복지'를 하면 된다고 하는데 구체적인 예를 들어줄 수 있으신가요?

홍 부자들이 해외에 나가서 골프 여행을 즐기거나 자식들에게 고액 과외 시키는 것을 막을 필요가 없습니다. 부자나 가난하나 자식의 교육에 최선을 다하고 싶은 건 마찬가지입니다. 그러나 돈이 없어서 배우지 못하고, 가난을 자식에게 물려줄 수밖에 없는 구조는 국가 책임인 만큼 서민을 위한 교육 복지를 펼치면 됩니다.

보육복지와 청년수당복지

김 한국보건사회연구원의 보고에 따르면 2025년이 되면 10명 중 1명은 평생 독신이라고 합니다. 5년마다 인구 통계가 이뤄지는데 해가 지날수록 '비혼 율'이 늘고 있다고 합니다. 결혼을 해야만 한다는 응답 비율이 47%에서 36%로 줄었는데,

이는 저 출산 문제와 맞물린다는 점에서 심각한 사안이 아닐 수 없습니다.

홍 결혼이라는 것을 했을 때 짊어져야 할 경제적, 심리적 비용이 크다는 반증일 것입니다. 행여 결혼을 어찌어찌해서 하게 되더라도 '아이(출산)의 문제'는 별개라는 인식도 정부가 인지를 해야 합니다. 더 이상 '결혼=출산'이라는 등식이 성립되지 않으니까요.

김 맞습니다. 결혼을 한다고 해서 아이를 낳는 수순으로는 가지 않으니까요.

홍 정부는 여성들이 힘들어하는 부분을 가시적인 정책으로 보완해줄 수 있어야 합니다. 맞벌이도 해야 하고, 아이도 맡겨야 하는 상황에서 '이렇다 할 대책'이 없는데 어떻게 아이를 낳겠습니까? 정부가 여성들에게 아이를 낳으라며 종용할 권리가 없습니다.

사실 누리과정(3~5세의 유아를 대상으로 하는 교육·보육 지원 과정)은 서민들에게 꽤 유용한 복지 중 하나입니다. 그래서 제가 무상복지파티를 비판하고 나선 측면도 있었습니다. 가진 자들에게 복지 재원이 가면 '서민의 보육대란'을 막는 누리예산이 자동으로 삭감됩니다. 그런데도 좌파 교육감들은 누리 예산투쟁을 놓고 정치화만 일삼았습니다.

김 그때 보수 진영은 뭐하고 있었나요?

홍 여당이 투쟁의 전면에 나서야하는데도 눈치만 보느라 침묵한 것으로 압니다. 당시 행정 기관이 나서서 잔가지 처방만 하고 물러나 결국 아무것도 해결이 나지 않았습니다.

김 답답한 상황이 연출되었군요.

홍 그래서 저희(경남)는 도에서 누리과정예산을 직접 편성하였습니다. 교육청에 보낼 법정 전출금에서 상계처리 하도록 예산안이 통과된 덕에 전국에서 유일하게 보육 대란이 없습니다.

김 다른 지역은 보육 대란에 휩싸여있는데 경남에서만 보육 대란이 없었던 거군요.

홍 그렇습니다. 유치원 예산은 교육청에서 편성하나 어린이집 예산은 도에서 편성합니다. 그래서 경남에서는 누리과정 예산이 정상적으로 집행되고 있습니다. 앞으로도 이 시스템으로 누리과정 예산을 편성하여 보육대란을 없앨 것입니다.

김 누리과정도 중요하지만, 청년수당 지급 문제도 눈여겨봐야 할 이슈입니다. 당장 일자리를 구할 수 없는 청년들에게 얼마간의 생계비라도 지원하여 숨통을 트이게 하자는 취지의 정책인데, 몇몇 지역에서는 시행 중인 것으로 압니다. 그런데 여기에 대해 찬반여론도 만만치 않습니다.

홍 그 문제를 놓고 정부와 서울시가 논쟁을 벌인 것으로 압니다. 사실 청년수당 문제는 정부와 서울시만의 문제가 아닌, 지자체 간의 재정 형평성 문제로 보는 것이 타당합니다. 서울시는 재정 자립도가 83.04%나 됩니다. 돈이 넘쳐나니 청년들에게 공돈을 줄 수도 있겠으나 경남이나 다른 지역은 그러지 못합니다. 만약 지방에 사는 청년들이 '왜 서울은 지원금을 주는데 우리는 안 주냐?', '지방에 산다고 깔 보냐' 묻는다면 우리는 뭐라고 답을 해야 하나요. 만약 다른 지자체가 그렇게 했다면 이해가 됩니다. 하지만 서울은 서울 시민만의 것이 아니라, 대한민국의 수도이기도 합니다. 수도라는 곳에서 다른 지자체의 재정 상황은 생각도 안하고, 무상복지파티를 하는 것은 문제가 있습니다.

김 복지에서조차 '지역 갈등', '지역의 양극화'라는 문제가 발생할 수 있는 만큼 신중히 검토가 되어야 할 것 같습니다.

홍 중앙정부와 서울시는 타 지역과의 형평성 문제를 고려하여 신중한 결정을 해야 할 것입니다.

진주의료원 폐업과 노동개혁

김 진주의료원 폐업 문제도 뜨거운 감자였습니다. 비싼 의료비용을 충당하지 못하는 서민들이 다니는 병원을 폐업했다는 비난이 컸음에도 폐업을 종용하셨습니다.

홍 누군가는 했어야 할 일을 제 선에서 끝냈다고 생각합니다. 진료의료원의 본질은 병원의 강성귀족 노조였습니다. 전 이들과 싸운 것이지, 서민들이 다니는 병원을 애써서 없애고자 한 것이 아닙니다. 진주의료원의 강성노조가 기득권을 내려놓지 않으려고 '병원의 만성 적자'도 모른 척하고 방만하게 운영을 해 왔습니다. 전 이것을 두고 볼 수 없었습니다.

김 그렇다고 해도 비싼 의료비용을 감당하기 힘든 도민들에겐 진주의료원 폐업이 아쉬웠을 것 같습니다.

홍 진주의료원 폐업에서 교훈을 얻어 마산의료원을 재 탄생시켰습니다. 도립 의료원이 흑자경영을 하는 게 결코 쉬운 일이 아닙니다. 1년 동안 의료원 관계자의 구조조정, 토요 근무 등 뼈를 깎는 노력으로 6억 5천만 원의 흑자를 냈습니다. 전국 최초로 1인용 독방 간호사 기숙사를 갖춘 시설은 물론, 3백 개의 병상을 갖춘 특급병원으로 거듭났습니다.

김 언론에서는 성급한 결정이었다고 지적하기도 했습니다.

홍 언론에서는 성급한 결정이었다고 하는데, 저는 수십 년 간 방치된 문제를 제 임기에 와서 결론을 지었다고 생각합니다. 십 수 년 갈아온 칼을 단지 제가 뽑은 것뿐입니다.

김 강성귀족노조에 대해 엄포를 자주 놓으셨습니다. 그만큼 우리 사회에 강성노조가 기승을 부린다고 생각하는 건가요?

홍 한국의 기업이 해외로 나가는 이유 중 하나가 '강성귀족노조' 때문입니다. 노동자 권리를 보호하는 차원에서의 노조

활동은 괜찮습니다. 하지만 정도가 지나치니 한국의 대기업들이 '에라 모르겠다. 그냥 속 편하게 해외로 나가자'라며 공장을 해외에서 짓게 된 것입니다.

김 그렇다면 노동개혁에 대해 생각하고 있는 방향이나 계획이 있으신가요?

홍 노동개혁의 본질은 노동 생산성 제고와 강성귀족노조의 떼쓰기 운동을 억제하는 데에 있습니다. 정부의 노동 개혁은 여기에 초점을 맞춰야 합니다. 1950년대 디트로이트는 180만 명의 인구를 가진 대도시이자 자동차 공업의 중심도시였습니다. 시민 소득도 미국에서 최 상위권으로 부자 도시였습니다. 그런 디트로이트가 2013년 185억 달러, 한국 돈으로 21조의 채무를 갚지 못해 파산하게 되었고 금세 디트로이트는 도시 범죄율 1위가 되었습니다.

김 얼마 전 트럼프 대통령이 디트로이트를 방문하여 자동차 업계의 발목을 잡고 있던 환경제한을 철폐하겠다고 했습니다.

홍 다시 이전의 영광을 되돌려주고자 트럼프 대통령이 직접 방문하여 규제완화정책을 발표한 것입니다. 세계인의 선망을 한 몸에 받은 도시가 고작 1만 5천 달러의 시민 소득을 보이고, 인구 70만 명의 소도시로 전락하는 등 위상을 완전히 잃어버렸습니다. 도심의 빌딩 곳곳이 텅 비어 있는 도시가 된 것입니다. 그 원인이 바로 강성귀족노조라 할 수 있는 자동차 노조의 투쟁이었습니다. 그 결과 자동차 공장들이 죄다 멕시코로 이전하였고 도시의 제조업이 와르르 무너진 것입니다. 그리스의 디폴트 사태 역시 좌파 정권의 퍼주기 식 복지와 강성귀족노조의 투쟁으로 공장이 그리스를 떠난 것의 결과였습니다. 한국도 강성귀족노조가 판치는 이곳을 떠나 해외에 생산기지를 확대해 나가고 있습니다. 그 결과 일자리 부족을 겪고 있는 것입니다.

김 그렇다면 기업과 노조 간의 '균형 잡기'가 중요할 것 같습니다. '강성귀족노조를 어떻게 관리할 것인가'가 중요한 쟁점인 것 같습니다.

홍 노조가 당연한 권리를 요구하는 것은 들어주되, 강성귀족노조의 무리한 요구는 강하게 대처를 해 나갈 생각입니다. 그들 또한 우리 사회의 엄연한 기득권입니다. 몇몇의 기득권층 때문에 다수의 직원들이 피해를 보거나 일자리를 잃도록 해서는 안 됩니다. 소위 말해 한국에는 '헌법 위의 떼법'이 있습니다. 툭하면 자행되는 대규모 파업을 종식시키기 위해서는 사회의 대타협이 긴요한 과제임에도 아직 우리 사회는 그에 대한 논의가 미진합니다. 아일랜드 모델이든 네덜란드 모델이든 노사가 대화와 협력이 가능한 방안을 마련해야 합니다.

최고의 복지는 좋은 정치다

홍 진해에 있는 경화 시장을 돈 적이 있습니다. 그때 텃밭에서 손수 기른 고추, 상추, 깻잎을 파는 난전의 할머니를 보고, 돌아가신 어머니가 생각나 눈물이 핑 돈 적이 있었습니다.

김 지사님의 어머니께서도 사과 장사를 하셨던 것으로 압니다.

홍 맞습니다. 저는 할머니에게 오늘 많이 파셨냐고 물었더니 많이 팔았다고 했습니다. 기껏해야 2~3만 원일 텐데 할머니는 세상에 대한 불만이 전혀 없어보였습니다. 또 생선 가게 아저씨에게 세월호 사건이 지나면 장사가 좀 될 테니 참아보자고 했습니다. 지도자들이 만든 힘든 세상을 원망하지 않고 묵묵히 기다리는 모습을 보면서 부끄러웠습니다.

김 그런 민심을 소수의 정치들만이 아닌, 모든 정치가들이 조금이라도 안다면 이 어려운 난국을 헤쳐 나갈 수 있을 것 같습니다. 또 '나라 운영을 잘 해주는 것'이야말로 국민들이 기대하는 최고의 복지일 것입니다.

홍 노자사상의 핵심이 상선약수(上善若水)입니다. 상선약수가 뭡니까? 최고의 선은 물과 같다는 뜻입니다. 물은 깨끗한 곳이든, 더러운 곳이든 구석구석 흐르지 않는 곳이 없습니다. 무엇보다 흐르는 물은 서로 다투지 않습니다. 흐른다는 건 살아있다는 것입니다. 이처럼 다투지 않으면서, 구석구석 도움의 손길을 펼치는 것. 저는 한국의 복지 정책이 이런 물의 본성을 닮기를 바랍니다.

김 뭔가 철학적인 마무리네요. 방금 노자 이야기가 나왔는데, 지사님은 1년 365일 중 누군가랑 싸우거나 일만 할 것 같습니다. 영화나 연극처럼 문화를 좀 향유하는 편이신가요?

홍 허허허, 왜 자꾸 저를 싸움꾼으로 몰아갑니까? 저는 영화도 좋아하고, 시도 즐겨서 읽는 편입니다. 감상 후기도 페이스

북에 자주 올리는 편입니다. SNS도 적극적으로 하고, 문화생활도 나름 하면서 살고 있습니다.

김　다행입니다. 하도 지사님의 이미지가 한쪽으로 편향된 측면이 있어서 여쭤본 겁니다.

홍　티벳 라싸에는 '대소사'라는 라마불교사찰이 있습니다. 그곳에는 2500년 전 석가모니 생존 시 12살 때의 모습을 한 불상이 있습니다. 티벳인들은 오체투지로 이곳을 순례하는 것이 평생소원이라고 합니다. 심지어 1년이 넘게 걸려서 오체투지로 순례를 온다고 합니다. 그냥 걸어서 도착하는 것도 힘든데 오체투지라뇨? 오체투지는 불교에서 행하는 절의 형태를 이야기 합니다. 한시도 쉬지 않고 절을 하며 그곳까지 오는 것입니다. 현세의 괴로움을 잊고 내세의 복을 추구하는 티벳인을 보면서 종교의 힘을 실감했습니다. 더불어 한국인들은 '평생소원'이라는 것을 가지고 있는가? 죽기 전에 가보고 싶다거나 느끼고 싶은 종교나 문화를 가지고 있는지에 대한 질문도 던져봤습니다.

김　갑자기 중산층의 기준이 떠올랐습니다. 중산층의 기준을 묻는 질문에 프랑스인들은 외국어를 하고, 다룰 줄 아는 악기를 갖는 것이라고 합니다. 또 영국인들은 자신의 주장과 신념을 가지며, 약자의 편에 서며 강자에 대응하는 것이라고 나와 있습니다. 반면 한국인들은 30평대 아파트와 얼마 이상의 연봉을 받는 것이 중산층을 가늠하는 척도입니다.

홍　우리는 사회나 문화적인 가치, 인문학적인 가치 중 하나도 들어가 있지 않는 거군요. 그래서 티벳인들의 삶이 부럽게 느껴졌습니다. 우리나라도 평생 이것만은 하고 죽었으면 좋겠다라고 하는 '인문학적 유산'이 있었으면 좋겠습니다. 이런 문화 복지도 한 번 기획을 해보고 싶은데, 나라 경제가 워낙 안 좋다보니 확신이 서지 않습니다.

김　평생에 걸쳐서 경험하고 싶은 문화적 유산이 없다는 말에 공감합니다. 국민들이 이런 문화적 지향점을 가지면 좋겠다고 했는데 그러기 위해서는 리더도 문화적 지향점을 가지고 있어야 하지 않을까요? 지사님께서는 평생에 걸쳐서 경험하고 싶은 분야나 문화가 있으신가요?

홍　체력과 기회가 생긴다면 히말라야 등반을 해 보고 싶습니다. 물론 소망일뿐입니다. 예전에 엄홍길 대장의 《불멸의 도전 히말라야 16좌 등정기》를 읽었습니다. 세계 최초로 히말라야 8,000미터 고봉 16좌를 완등한 그의 기록을 보면서, 우리가 겪는 고난이 아무것도 아닐 수 있다는 생각이 들었습니다. 절대 고독 속에서도 자신을 지켜 나가는 영웅의 모습에서 깊은 감회를 받았습니다.

교육정책

사다리 걷어차기에서 사다리 세우기

김 이번에는 대한민국에서 빼놓을 수 없는 교육 정책에 대한 논의를 해 보겠습니다. 최순실 게이트가 국민적 공분을 산 배경에는 '정유라'가 있었기 때문입니다. 부모 하나 잘 만나서 이대를 가고, 수업에 들어가지 않아도 학점을 받는 등 폐해가 드러나 젊은이들의 분노를 샀습니다.

홍 한국이라는 나라에서는 교육 말고는 위로 올라갈 수 있는 수단이 없습니다. 전 세대가 예민하게 생각하는 교육 정책인데도 불구하고, 좌파 진영에서는 '사법시험폐지'를 주장하였습니다.

김 전국수험생유권자연대가 사법시험과 5급 행정고시 폐지에 대해 투표를 했습니다. 좁은 방에서 희망 하나만 보고 산 수험생들의 입장을 정부도 들어봐야 하지 않을까요?

홍 들어보는 게 아니라 사법시험은 존치되어야 합니다. 만약 사법시험제도가 없었다면 고졸 출신인 노무현 대통령이 탄생 할 수 있었겠습니까? 법조 특권을 없앤다는 명분으로 '희망의 사다리'를 없앴는데 이 제도는 천년이 넘었습니다. 고려 광종 때 도입된 과거 제도의 현대판이 사법시험제도입니다. 그런데 왜 서민 자제의 등용문인 사법시험을 없애야 하는지 모르겠습니다. 정책을 입안한 사람들은 로스쿨 제도가 들어왔으니 기존의 방식을 없애야 한다고 하는데, 로스쿨의 원조인 미국도 독학도가 변호사가 될 수 있는 길은 열어놓았습니다.

김 이 문제를 놓고 현대판 음서제도라는 이야기들이 많습니다.

홍 법조인이 되는 길을 로스쿨 출신만 될 수 있도록 하는 것 자체가 특권층을 용인하는 것입니다. 사법시험시절 때도 예비시험제도를 두어 독학으로 변호사가 되는 길을 열어놓았습니다. 독학생들에게도 열어주어야 합니다. 링컨도 독학으로 변호사가 되었고 노무현 대통령도 독학으로 변호사가 되었습니다. 제도의 보완 없이 사법시험을 폐지하는 것은 우리사회에 또 다른 음서 제도를 용인하는 것입니다.

김 사다리 걷어차기다, 음서제도다 말들이 많은데 조금 더 '시험을 폐지하려고 하는 원인'에 대해 파고들 필요가 있을 것 같습니다. 여론이나 열정이 최고조에 달한 상태를 이르러 비등점(沸騰點)이라고 합니다. 소위 상류층 자제들이 차지할 수 있는 '고급 의자의 갯수'가 비등점에 이르자 로스쿨을 도입하여 '법조인의 자리'라도 나누자는 의도에서 입안된 정책이라는 겁니다.

홍 상류층 자제들의 일자리만 최고조에 다다랐나요? 아니잖아요. 대기업이 동네에서 빵을 팔고, 슈퍼마켓을 차리는 것만이 골목상권 침해가 아닙니다. 서민들이 위로 올라갈 수 있는 사다리를 없애는 것도 기득권층이 서민의 인생을 가로막는 '권리 침해 행동'이에요.

김 그럼에도 사법시험이 역사 속으로 사라지게 되었습니다.

홍 사법시험이 없어지는 것은 '그것만' 없어지는 것이 아니라는 데에 더 큰 문제가 있습니다. 한국사회에서 사법시험은 '위로 올라갈 수 있는 사다리'라는 의미가 들어있습니다. 이런 상징적인 제도가 사라지면 더 작은 제도는 쉽게 없앨 수 있는 겁니다. 벌써 기득권층에게 유리한 교육 제도들이 준비 중이거나 시행되고 있지 않습니까?

김 사법시험, 외무고시가 단계적으로 사라졌습니다. 이러한 제도 말고도 서민 자제들이 피해를 보는 제3의 음서제도랄까. 이런 게 있을까요?

홍 대표적인 것이 입학사정관제와 외교아카데미제도 도입입니다. 인터넷에서 입학사정관제를 치면 '학생부종합전형 입학사정관 스펙을 만들어드립니다'는 광고성 글이 버젓이 보입니다. 돈 많은 집 자제들은 학업 스펙과 입학사정관 스펙을 동시에 준비함으로써 유리한 입지를 다지는데, 가난한 집 아이들은 학업 하나만 따라가기도 벅찹니다.

또 외무고시를 단계적으로 폐지하고, 선발된 인원을 외교아카데미에서 교육하여 외교관으로 키우겠다는 제도도 '정부 요직의 세습화'입니다. 어디 이뿐입니까? 삼성 출신의 인사혁신처장이 들어와 공무원마저 '해외유학생 공무원 특채'를 하겠다고 합니다. 현직 공무원에게 유학의 기회를 주면 국제화가 되는데, 무슨 국제화를 명분 삼아 부유층을 위한 음서 제도를 공무원 선발에까지 도입하려고 하나요. 유학 한 번 못 가는 서민층 자제는 법조인의 길도 막히고, 공무원의 길도 막히는 '신분의 대물림 제도'는 반드시 없애야 합니다.

김 곳곳에서 공직 사회의 개혁이 아닌, 특권층의 신분 대물림을 시도하는 일들이 있었군요.

홍 그래서 저는 개천에서도 용이 날 수 있는 사회를 만들 것입니다. 서민의 꿈까지 앗아가는 부유층을 위한 로스쿨 제도, 사법시험제도 폐지, 해외유학생 공무원 특채, 재벌 자제의 일탈과 불합리한 기업 승계 등은 계층 간의 갈등만 높이고 있습니다. 답답한 대한민국을 넘어 통쾌한 대한민국으로 가는 신세계 프로젝트가 필요한 만큼 저는 이 모든 것을 '서민층 위주로' 뜯어고치는 대치를 펼칠 것입니다. 그중 첫 번째 프로젝트는 단연 사법시험제도의 부활입니다.

김 무슨 연설을 듣는 것 같습니다. 개천에서 용이 나는 프로젝트니 이것을 줄여서 '개용 프로젝트'라고 이름을 붙이는 건 어떻습니까?

홍 개용 프로젝트든 아니든 개천에서 용도 나고 왕도 많이 나야 합니다. 저는 이전부터 교육을 통해 가난의 대물림을 끊는 것이야말로 가장 큰 복지라고 주장해 왔어요. 흙 수저 물고 태어나 빈손으로 인생을 시작하는 서민들이 대한민국에는 많습니다. 이분들이 자식 대는 나아질 것으로 전망하는 비율이 20퍼센트도 되지 않는다고 합니다. 이 기사를 보고 충격이 컸습니다. 희망 없는 대한민국이 되어간다는 뜻이니까요. 가난의 대물림이 계속되는 대한민국을 놔둔다면 갈등은 깊어져 분열과 증오만 남게 됩니다. 나중에 우리 사회가 이것을 어떻게 감당하려고 하는지 참. 앞으로 들어설 정부는 사회 양극화로 인한 불신을 해소하는데 집중해야 합니다. 그리고 그 첫 번째 단추는 서민을 위한 정책을 펼치는 데서 시작되어야 할 것입니다.

교육 격차를 부수는 몇 가지 제안

김 고소득층과 저소득층 간의 사교육비 격차가 9배가 된다고 합니다. 교육 격차가 문제가 되는 점이 교육 문제로만 그치지 않기 때문입니다. 교육 격차는 이후의 기회와 소득의 격차, 인맥의 격차, 결혼의 격차, 자녀수의 격차로까지 확대됩니다. 모든 격차의 '첫 발화지점'이 되는 만큼 '교육 정책'을 다양한 각도에서 살필 필요가 있습니다.

홍 사교육비의 격차가 어제 오늘 만의 이야기는 아닙니다. 예전부터 꾸준히 제기되어 온 사회문제입니다. 사교육비는 고소득층과 저소득층 간의 '과외비 격차'로만 볼 것이 아니라, 사교육과 공교육의 격차로도 봐야 합니다. 사실 공교육이 받쳐주면 '사교육비 격차'도 그렇게 날 일도 없습니다.

김 사교육이 메인이고, 공교육이 서브로 밀려난 것도 큰 문제입니다.

홍 그래서 공교육의 정상화가 시급한 현안입니다. 국민들도 여기에 공감하고 있습니다. EBS 뉴스를 보니 10명 중 4명(42.4%)이 19대 대통령에게 '공교육 강화 및 사교육비 절감'을 기대한다고 답변했습니다. EBS 과외채널의 효과가 있다 없다 논의가 활발합니다. 그래서 저는 EBS 강의내용의 실질화만이 아닌, 아예 수능 출제자를 EBS 강사로 지정하는 정책을 입안할 것입니다. 뭔가 획기적으로 바꾸지 않으면 국민의 피부에 와 닿는 변화를 일으킬 수 없습니다.

김 EBS 강사를 출제자로 만들게 되면 우려의 목소리도 나오겠지만, 서민들은 '과외 선생'을 따로 모실 필요가 없으니 반길 것 같습니다. 대선 후보들이 교육 정책에 대해서는 하나같이 강경책을 내놓고 있습니다. 그만큼 국민들이 변화를 원한다는 뜻일 겁니다.

홍 교육 문제는 총체론적 관점에서 바라볼 필요가 있습니다. 사회나 문화에서 일어나는 현상을 부분적으로만 보는 것이 아닌, 다른 요소들과 결부지어 보고, 전체적인 맥락에서 현상을 이해하려는 태도를 총체론적 관점이라고 합니다. 교육을 교육의 문제로만 보지 않고, 다른 분야에 미치는 영향력까지 고려를 해야 합니다. 아마 다른 후보자들이 이런 필요성을 공감하고 있기에 대대적인 공약을 내세운 것이 아닌가 생각됩니다.

김 모르긴 몰라도 지금 교육부가 발등에 불이 떨어졌을 겁니다. 대선 후보자들 입에서 교육부 폐지가 공공연히 입에 오르내리고 있으니까요. 그래서 이준식 교육부 부총리가 반값 사립유치원 도입, 사회배려자전형 확대를 담은 교육복지기본법을 발표하였습니다.

홍 '재원이 마련되지 않은 상황에서의 기습 발표'는 납득하기 어렵습니다. 또한 최근 교육부가 발표한 방향과 제가 생각하는 교육복지법과는 방향이 조금 다릅니다. 저는 학업성취도가 낮거나 낙후된 지역 학교, 즉 서민층에 재정과 행정 지원을 하고, 학업성취도가 높은 학교는 자율성을 넓히는 방향으로 정책을 펼칠 계획입니다.

김 그렇다면 지사님은 어떤 대대적인 교육 정책을 생각하고 계십니까?

홍 저는 수능시험을 연 2회 이상 치도록 하고, 최고점수로 응시할 수 있도록 할 것입니다. 그래야만 한 번의 수능에 목숨을 걸거나 수험생과 학부모들이 절망하지 않을 수 있습니다. 왜 한국 젊은이들이 이번 생은 망했으니 다시 태어나야 한다고 하겠습니까? 무언가를 얻기 위해서는 부모님의 뒷바라지가 없으면 힘들기 때문입니다.
또 한 번 넘어지면 재기할 수 없는 사회 구조도 젊은이들에겐 절망 그 자체입니다. 막강한 지원을 해 주는 부모가 없다면 자기 능력으로라도 성과를 내야 하는데, '연 1회 수능'은 그것마저 힘들게 합니다. 무엇보다 한 번의 기회로 승자와 패자가 갈리는 사회 구조는 창의성이 중시되는 미래를 위해서라도 한시라도 사라져야 합니다.

김 '한 번 밖에 없으니까'와 '그래도 한 번은 남아있으니까'는 완전히 마음가짐이 다릅니다.

홍 맞습니다. 이 제도를 단순히 수능을 2번 보게 하는 것으로 이해하는 것은 곤란합니다. 교육 시스템이 바뀌면 사회, 문화, 경제, 정치 등 사회가 전 방위로 바뀌기 시작합니다. 그래서 교육 문제를 총체론적 관점에서 바라볼 필요가 있다고 전한 겁니다. 수능 횟수를 늘리는 것으로도 실패를 받아들이는 유연성, 안정보다 도전하려는 자세, 실패한 젊은이를 바라보는 사회적 시선 등 구성원이 삶을 대하는 태도 자체를 달라지도록 할 수 있습니다. 훨씬 유연성이 커질 것입니다. 저는 이것이 4차 산업혁명에 필요한 창의적 인재를 키우는 근간이라고 생각합니다.

학력차별금지법에 대하여

김 어떤 분들은 수능 볼 기회를 늘리거나 교육부를 없애는 것도 좋지만 한국의 서열주의, 학력지상주의가 바뀌지 않는 한 한계가 있다고들 합니다. 얼마 전 4년제 대학을 졸업했음에도, 더 좋은 스펙을 쌓기 위해 SKY로 학사 편입하는 20대들이 늘었다는 기사를 접했습니다. 4년제 대학을 나오고도 2년간 학부 생활을 더 한다는 말인데 사회적으로 큰 손실이 아닐 수 없습니다.

홍 왜 그렇게 명문대 졸업장에 목숨을 걸까요? 4년 가까이 대학을 다녔음에도 다른 대학으로 편입을 했다는 것은 등록금을 대 주는 부모도 동의를 했다는 의미입니다. 단순히 자녀가 좋은 대학을 나와야 대기업에 원서라도 넣을 수 있어서? 그렇지 않습니다. 한국사회에서 학력은 '이중 관여'로 인생의 행복과 불행을 결정하는 변수이기 때문입니다.

김 이중 관여라고 하셨는데 구체적으로 무슨 의미입니까?

홍 40대 중년에게 '자녀의 성적'이 인생의 전반적인 만족감을 결정합니다. 좀처럼 사교육비가 떨어지지 않는 것만 봐도 잘 알 수 있습니다. 멀리 갈 것도 없습니다. 저만 해도 큰놈이 고등학교 때 공부를 하지 않아 꾸중을 한 적이 있었으니까요. 자녀의 성적이 학생은 물론 가족 구성원의 행복을 결정합니다. 이것이 학력의 첫 번째 관여입니다. 두 번째 관여는 주로 50~60대 중장년층이 되었을 때 나타납니다. 이때는 자녀가 지방대를 갔든, 서울대를 갔든 '자녀의 입시'에서는 벗어난 때입니다. 그래서 자녀가 아닌 본인의 학력이 인생을 평가하는 중요한 항목이 됩니다.

김 그 정도 나이가 되면 사회생활도 할 만큼 했고, 자녀들도 다 컸겠다 많은 것들이 결정이 되는 때입니다.

홍 생산 활동을 해야 한다는 강박에서 조금은 거리를 두는 나이입니다. 물론 고령화 사회로 인해 60~70대가 돼서도 일을 해야 하는 상황이 되었으나 그래도 인생을 관조하는 여유는 생겨납니다. 즉, 그동안 자신이 이룬 것들에 대한 평가를 하게 됩니다. 이때 학벌이 미치는 영향력이 상당하다고 합니다. 그래서 이중 관여라고 말씀 드립니다. 한 번은 자녀의 성적이나 학벌에, 또 한 번은 자신의 학벌에 영향을 받는 구조니까요.

김 기성세대는 좋은 학벌을 가짐으로써 '자기 인생에 후한 점수'를 주게 되고, 그 맛을 아니 이제는 '손주들 교육'에 두 팔을 걷어 부치는 순환이 이뤄지는군요.

홍 그래서 저는 학력차별 금지법을 만들 것입니다. 이미 민주당과 바른 정당의 주도 하에 '학력차별금지 및 직무능력중심 고용촉진에 관한 법률안'이 발의된 것으로 압니다. 그러나 저는 10년 전부터 학력차별 금지법을 주장해 왔습니다. 문제는 실효성과 추진력입니다. 이 사안이 사회에 자리 잡을 수 있도록 못을 단단히 박을 것입니다.

김 '학력을 중시하는 문화를 무식하게 법으로 막을 수 있겠냐?'라는 목소리도 있을 수 있습니다.

홍 법이 사회나 문화를 만드는 핵심입니다. 충분히 시도할만한 가치가 있습니다. 이 법안이 국민들 삶에 영향을 미치게 하기 위해서는 법안을 발의하는 것으로 끝내서는 안 됩니다. 고등학교만 나와도, 꼭 SKY대를 나오지 않아도 먹고 살 수 있는 '경제'를 만드는 것과 맞물려 돌아가야 합니다. 지금도 대학을 나와 봤자 치킨 집 사장밖에 할 게 없다며 곧장 9급 공무원을 준비하는 고등학생들이 느는 추세입니다. 당연히 그들 부모도 동의를 했습니다. 이게 바람직하다고 볼 순 없으나 대학 졸업장의 가치에 대해 국민들이 재고를 하고 있다는 사실엔 주목할 필요가 있습니다.

김 학력의 거품이 꺼짐으로써 '대학에만 매달리는 청년'들이 사회에 진출하면 그만큼 경제 활성화도 이뤄질 수 있습니다. 서열문화, 학력지상주의를 타파하는 간접적인 방법으로 '다양한 성공 모델'을 제시하는 것도 좋은 방법이 될 것 같습니다.

홍 영국의 경제학자 프레드 허쉬(Fred Hirsh)는 물질재와 지위재로 욕구 순서를 설명하였습니다. 사람들이 의식주처럼 물질재에 대한 욕구가 충족되면 학벌이나 사회적 지위처럼 지위재로 관심사가 옮겨간다고 합니다. 사회는 다양한 지위재를 제시할 수 있어야 합니다. 그래야 지위재를 갖기 위한 치열한 경쟁을 완화시킬 수 있습니다. 현재 우리나라에서 지위재라고 하면 의사나 판·검사, 고위 공무원, 대기업이나 공기업 입사로 한정되어 있습니다.

김 하지만 그런 자리는 경기가 좋았을 때나 나빴을 때나 수요가 한정적이었습니다.

홍 그래서 고등학교만 나와도 인정받고 사는 사람, 이공계 출신의 성공한 CEO 등 다양한 모델이 나와야 합니다. 그래야 그 모델을 보고 국민들이 다양하게 진로를 모색할 수 있습니다. 실패를 용인하지 못하고 경직된 사회일수록, '선 모델의 탄생'은 중요합니다. 정부는 그런 인재가 나올 수 있도록 제도적으로 뒷받침을 해줘야 합니다.

김 박세리 선수로 인해 '박세리 키즈'가 등장하고, 김연아 선수로 인해 '연아 키즈'가 나오는 것처럼 일반 분야에서도 선구적인 리더가 나와야 할 것 같네요.

인재대국주의로 나아가다

홍 그래서 저는 인재대국주의를 표방할 것입니다. 빌 게이츠, 스티브 잡스 한 명이 수백만 명의 미국인을 먹여 살리고 있습니다. 이제 한국도 재산이나 경영권 상속으로 인한 재벌이 아닌 자발적으로 성공한 인물이 나와야 합니다. 그래서 생각한 게 해외 대학의 분교를 국내에 유치하는 일입니다. 즉, 교육 개방입니다. 미국 MIT, 하버드, 영국 옥스퍼드, 케임브리지 등 세계 명문대 분교를 한국에 유치할 수 있도록 교육개방을 해야 합니다. 해외 대학의 커리큘럼, 해외 인재와의 경쟁 등을 일찌감치 경험함으로써 한국의 교육 시스템에서는 나오기 힘든 인재를 키울 것입니다. 이런 인재가 2~3명만 나와도 이를 보고 따라하는 후배들이 생겨나기 마련입니다.

김 이공계 기피 현상도 한국의 교육이 풀어야 할 과제 중 하나입니다. 수재라는 소리를 듣는 친구들은 죄다 의대로 빠지다 보니 '이공계 인재'가 나오지 않는데, 여기에 대한 정책을 생각하고 있는지 궁금합니다.

홍 이공계 르네상스는 이제 필수불가결한 선택입니다. 대한민국의 발전을 이끈 주역을 보면 1960년대 여공, 70년대는 기능공, 80년대는 상사세일즈맨, 그리고 90년대는 엔지니어와 벤처인이었습니다. 이제 미래의 주역은 이공계에서 나와야 합니다. 그래야만 4차 산업혁명도 대한민국이 선두에 올라 설 수 있습니다. 국가 백년대계를 위해서라도 세계적 수준의 '이공계 100만 인력 육성 프로젝트'를 주도적으로 추진해야 합니다. 그래서 저는 '이공계 우대 교육 정책'을 펼칠 것입니다. 첨단 기술을 바탕으로 한 기업가 정신으로 무장한 '한국

형 스티브 잡스'가 탄생할 때 대한민국의 미래도 밝아질 수 있습니다.

김 문명고가 '국정 역사 교과서 연구학교' 지정 철회를 요구하고 있습니다. 애초에 국정교과서는 '좌 편향된 역사교과서 체계'를 바로 잡기 위해 고안되었습니다. 하지만 국정교과서가 우편향 됐다는 주장이 제기되면서 자승자박한 게 아니냐는 목소리가 상당합니다. 이 문제를 어떻게 풀어나갈 생각입니까?

홍 역사교과서 집필진을 비공개로 하는 것은 분명 문제가 있는 처사입니다. 국민 입장에서는 교육부의 소극적인 대처로밖에 보이지 않습니다. 국가의 정통성 문제를 왜 떳떳하게 밝히지 못하고 눈치만 보는지 무척 안타까웠습니다. 역사의 정통성 문제는 보수 진보의 문제가 아니고 옳고 그름의 문제입니다. 무엇보다 역사교과서를 정치적 관점이 아닌 교육적인 관점으로 보는 태도를 견지하는 것이 중요합니다.

김 국정교과서 문제가 나올 때마다 '좌편향 됐다', 아니면 '우편향 됐다'는 이야기가 빠지지 않습니다. 물론 교육의 관점에서 바라봐야 하겠으나 정치적인 관점이 반영이 될 수밖에 없는 구조도 무시할 수 없습니다.

홍 대학 역사책은 이미 판단능력 있는 성인이 대상이 됩니다. 그래서 보수, 진보, 좌파, 우파의 시각에서 기술이 되더라도 상관이 없습니다. 하지만 자라나는 청소년을 대상으로 하는 역사책은 중립적 시각에서 기술되어야 합니다. 그래야만 좌우에 경도되지 않는 가치중립적인 역사관을 가질 수 있습니다. 이러한 이유 때문에 초·중·고생들의 한국사가 국정교과서로 있는 것입니다. 집필진 명단을 국민에게 공개함은 물론, 한쪽으로 편향된 부분이 있다면 집중 토론을 거쳐 중도의 관점을 차용하면 문제가 없습니다. 이런 기본적인 절차도 생략하고 교과서 문제를 해결하려고 하니, 국민들이 불신을 거두지 못하는 겁니다.